GABRIEL

OU

LE VŒU ECCLÉSIASTIQUE

PAR

A. S. MORIN (Miron.)

PARIS

CHEZ GODET, LIBRAIRE-ÉDITEUR

DE LA BIBLIOTHÈQUE DÉMOCRATIQUE

Place des Victoires, 3.

—

1876

GABRIEL

OU

LE VŒU ECCLÉSIASTIQUE

PAR

A. S. MORIN (Miron.)

PARIS

CHEZ GODET, LIBRAIRE-ÉDITEUR

DE LA BIBLIOTHÈQUE DÉMOCRATIQUE

Place des Victoires, 3.

—

1876

DÉDICACE

A Monsieur Clovis Marserou, avocat à Limoux et un des rédacteurs de LA FRATERNITÉ*, journal de la démocratie de l'Aude.*

MON CHER AMI,

Si mes petits livres de la *Bibliothèque démocratique* m'ont causé quelques soucis (1), ils m'ont du moins pro-curé un précieux avantage, c'est celui de faire votre connaissance. Dans un spirituel article de la *Fraternité,* de Carcassonne, vous avez rendu compte de la *Confession;* vous avez fait, à ce sujet, de très-justes réflexions, et, sans attaquer les personnes, vous avez fait le procès à une institution dont vous avez montré les vices et les dangers. Nous sommes entrés en correspondance; j'ai pu apprécier votre générosité, votre dévouement à la cause du progrès et de la liberté. Nous sommes devenus amis, et mon affection pour vous s'est accrue de la dette que

(1) Ces livres ont été saisis le 4 Mars 1875.

j'ai contractée envers vous. Car, sans le vouloir, j'ai été cause des tribulations dont vous avez été assiégé. Votre article si sensé, si mesuré, vous a attiré un procès en police correctionnelle. Le portrait que vous aviez tracé était si véridique, que des gens auxquels vous n'aviez même pas songé ont cru s'y reconnaître. Vous avez passé par les pénibles épreuves de longs débats judiciaires. Vous avez été le bouc émissaire sur lequel on s'est vengé des dures vérités que j'avais dévoilées. Vous avez finalement subi le châtiment qui m'était destiné.

Respectons, comme doit le faire tout bon citoyen, l'autorité de la chose jugée. Mais, ne cessons pas de défendre les droits de l'humanité. Votre courage est à l'abri de tous les coups, et rien ne vous détournera de la mission que vous poursuivez avec autant de zèle que d'énergie.

Je viens vous témoigner ma reconnaissance en vous offrant cet opuscule, dans lequel j'ai présenté, sous la forme d'une fiction, les inconvénients du célibat ecclésiastique, que j'avais déjà signalés dans le livre du *Mariage des Prêtres*. Veuillez lui servir de parrain. Puisse-t-il, sous vos auspices, contribuer au succès de l'œuvre que nous poursuivons.

Mille amitiés.

A. S. MORIN.

Paris, le 25 Avril 1875.

GABRIEL

ou

LE VŒU ECCLÉSIASTIQUE

———

I.

La messe de minuit était célébrée dans la cathédrale avec une pompe extraordinaire. Monseigneur l'évêque, relevant d'une longue maladie, officiait pour la première fois ; tout son clergé s'était empressé de venir lui témoigner sa vénération et son dévouement. Une foule de fidèles remplissait le vaste édifice. La multitude de cierges allumés exprimait les sentiments de joie dont on était pénétré en fêtant la naissance du Sauveur ; mais ces clartés ne pouvaient dissiper que bien imparfaitement l'obscurité qui régnait sous les sombres voûtes, et ce demi-jour mystérieux ajoutait encore à la majestueuse gravité dont est empreint le monument séculaire. L'orgue faisait entendre sa voix imposante et harmonieuse. Quand on en fut au *Salve puer*, on remarqua le petit enfant de chœur qui chanta ce cantique d'allégresse ; il avait à peine dix ans ; sa physionomie était douce et candide ; ses joues roses annonçaient la santé, la vigueur ; ses yeux bleus respiraient la satisfaction et une tendre piété ; ses cheveux blonds et naturellement bouclés lui donnaient quelque chose d'angélique ; on croyait voir un chérubin. Sa voix argentine remplissait sans effort toute l'étendue de l'église. Son chant avait une suavité pénétrante, et il y mettait une telle expression, qu'on était tenté de le croire en communication avec le divin enfant auquel s'adressait sa prière.

Tout l'auditoire fut enchanté. On félicita la maîtrise d'avoir formé un sujet si précieux. Monseigneur, après l'office, exprima toute sa satisfaction et demanda qu'on lui présentât cet heureux débutant. On amena l'enfant de chœur : le prélat le complimenta avec bonté, l'encouragea à consacrer sa voix au service du Seigneur et lui promit sa protection. Cette marque de bienveillance mit aussitôt en crédit celui qui était l'objet d'une si haute distinction. C'était à qui lui prodiguerait des marques d'intérêt ; il n'était question que de lui dans le monde dévot ; on se disait déjà que ce petit garçon ne pouvait manquer de faire son chemin.

Il s'appelait Gabriel Nitot, et sa famille était employée dans des offices ecclésiastiques. Son père , Jérôme Nitot, était tailleur en soutanes et sous-sacristain, sa mère, placeuse de chaises ; un de ses oncles était souffleur de l'orgue, et l'autre appariteur de la société de Saint-Vincent-de-Paul. Ses parents , qui étaient d'une piété rigide , l'avaient élevé suivant leurs principes ; vivant sans cesse au milieu du clergé, ils partageaient ses idées, ses passions, ses préjugés. Pour eux , un prêtre était un être supérieur à l'humanité , un envoyé du ciel , et Monseigneur, une espèce de divinité dont on ne parlait qu'avec un profond respect. Ces bonnes gens s'acquittaient scrupuleusement de toutes les pratiques exigées par l'Église et y ajoutaient encore un grand nombre de dévotions recommandées comme puissants moyens de sanctification. Matin et soir, on faisait la prière en commun , on disait le chapelet et l'Angelus, on portait des scapulaires et des médailles miraculeuses. Les murs de l'appartement étaient couverts d'images de piété : c'étaient la mère douloureuse ayant le cœur percé de sept glaives ; Notre-Dame de la Salette apparaissant aux petits bergers; Notre-Dame de Lourdes se déclarant l'Immaculée

Conception à la petite Bernadette ; en un mot, la vierge sous ses formes multipliées, avec ses attributs variés. Dans ce petit musée, le bon Dieu avait aussi sa part, mais très-restreinte, comme reste de son ancienne grandeur qui de jour en jour décroît et s'efface devant celle de sa mère. Un petit tableau représentait l'enfant Jésus dans les bras de saint Joseph ; et un autre avait pour sujet la Vierge couronnée au Ciel par les trois personnes de la Sainte Trinité ; l'on pouvait même dire que, par cet acte de couronnement, le Père, le Fils et le Saint-Esprit avaient abdiqué en faveur de la nouvelle divinité qu'ils admettaient au séjour céleste, et la reine du Ciel prenait possession de son empire.

Gabriel, dès sa naissance, avait été imprégné de dévotion ; avant même que son intelligence pût s'exercer, il avait été dressé à faire des signes de croix et des génuflexions, à joindre les mains, à réciter des formules de prière ; les premières paroles qu'il avait appris à prononcer étaient des actes de foi. Tout ce qu'il voyait et entendait, contribuait à façonner son esprit, à lui inculquer le catholicisme, à le lui faire pénétrer jusqu'à la moelle des os. Aussi était-il non-seulement ferme croyant, mais encore confit en dévotion ; il éprouvait pour la Vierge un amour ardent ; il s'entretenait avec elle avec effusion ; il se figurait la voir escortée d'une légion d'anges, elle lui souriait et l'adoptait comme son fils.

Les parents étaient charmés de ces heureuses dispositions, et déjà ils caressaient entre eux un projet ambitieux, c'était de pousser leur fils dans l'état ecclésiastique : Gabriel ordonné prêtre, disant la messe, donnant la bénédiction au peuple agenouillé, quel honneur, quelle gloire ! Ils n'osaient se flatter qu'un si beau rêve se réaliserait un jour. Et pourtant, qui sait ? Avec des protections, ne peut-on espérer que le jeune homme obtiendra une bourse au séminaire et que par son travail il se rendra digne d'être admis au saint ministère ?

C'était là le sujet habituel de leurs entretiens secrets. Déjà le petit Gabriel avait été reçu à la maîtrise des enfants de chœur. C'est une école où les enfants sont internés, reçoivent de quelques prêtres l'instruction primaire, apprennent le plain-chant et servent comme enfants de chœur aux cérémonies de la cathédrale ; ceux qui présentent des dispositions, sont préparés pour les études du petit séminaire. C'est donc une espèce de vestibule du sacerdoce. C'était un premier succès pour les époux Nitot d'y avoir fait admettre leur fils, qui était élevé gratuitement et qui

occupait le plus bas degré de la hiérarchie ecclésiastique. C'était le pied dans l'étrier. On a vu des enfants
de chœur devenir prêtres et même évêques.

Ce fut pour eux un grand événement, que le début
de Gabriel à la messe de minuit. Plusieurs ecclésiastiques vinrent les féliciter, et la faveur de Monseigneur
leur paraissait assurée. Monseigneur avait daigné lui
parler et même lui donner une petite tape sur la joue.
A ce souvenir, ils pleuraient de joie et d'attendrissement, il leur semblait que le Ciel s'ouvrait pour eux.

II

Gabriel se trouva naturellement recommandé à ses
maîtres par la distinction dont l'avait honoré l'évêque;
ils s'occupèrent de lui avec un soin particulier et il
put faire autant de progrès que le comportait la nature
de l'établissement.

Il y resta jusqu'à l'âge de treize ans; il avait par-
couru tout le cercle des études de la maison, c'est-à-
dire lecture, écriture, calcul, plain-chant et histoire
sainte, avec quelques notions sur la vie des saints. Sa
voix commençait à muer et n'avait plus ce timbre mé-
tallique, ces notes aiguës exigées, dans l'emploi d'enfant de chœur. Quant les élèves arrivent à cette pé-
riode; ils ne peuvent plus être conservés. La plupart

sont rendus à leurs parents qui les placent comme apprentis chez des artisans. Ceux qui manifestent le désir de recevoir une instruction plus étendue et qui annoncent du goût pour l'état ecclésiastique, subissent un examen à la suite duquel ils peuvent être admis au petit séminaire.

Quand Gabriel fut interrogé par le supérieur sur ses intentions, il dit qu'il serait heureux de se consacrer au service des autels ; mais il ajouta avec humilité qu'il craignait de manquer des qualités requises pour ce redoutable ministère. Les maîtres sourirent de cet aveu ingénu ; mais on le rassura en lui annonçant qu'on était très-satisfait de lui sous tous les rapports et qu'on le placerait sur la liste d'admission.

Il y avait cependant une difficulté à résoudre. Les époux Nitot, ne faisant que de minces bénéfices dans leurs professions multipliées, étaient hors d'état de payer la pension qui était de 400 francs par an, sans compter le trousseau. Ils avaient, outre Gabriel, cinq filles plus jeunes que lui et dont l'entretien leur était dispendieux. Ils ne pouvaient donc faire recevoir leur fils qu'autant qu'on obtiendrait pour lui une bourse entière. Le supérieur les rassura : il s'intéressait beaucoup à leur fils qui était un modèle de piété et qui promettait de rendre à l'Eglise des services signalés.

Il alla trouver Monseigneur, qui se rappela le joli enfant de chœur dont le chant l'avait séduit ; d'après l'excellent témoignage rendu sur son compte, il n'hésita pas à lui accorder la bourse demandée.

Les parents furent enchantés en apprenant cette heureuse nouvelle. Gabriel vint bientôt prendre rang parmi les élèves du petit séminaire. Il était fier de porter la soutane et le rabat, de figurer aux processions avec les membres du clergé, de remplir divers emplois dans les cérémonies sacrées ; il était homme de Dieu, il s'entendait appeler *Monsieur l'Abbé*, il faisait partie de la sainte milice, consacrée à la religion. Il pourrait donc, pensait-il, ne s'occuper que de son salut et de celui du prochain, il ne serait pas arrêté par les soucis de ce monde terrestre qu'on lui avait appris à mépriser ; il ne vivait que pour la patrie céleste, seul objet digne des pensées d'un chrétien.

Il s'appliquait à l'étude et profitait des leçons de ses maîtres. L'idée qui domine, comme on sait, dans ces établissements, c'est que la religion révélée par Dieu est la première des sciences, la seule nécessaire, que les sciences humaines ne doivent avoir d'autre but que de la corroborer, de lui apporter leur tribut ; la philosophie, suivant le vieil adage, est la servante de la théologie.

Le latin étant la langue de l'Église, y est le principal objet de l'enseignement, les séminaristes y acquièrent une certaine force. Le grec n'obtient qu'une faible part. L'histoire est rapportée à la Bible; la chronologie est obligée de se conformer aux textes sacrés. Quant aux sciences exactes, elles sont à bon droit suspectes : le clergé sait qu'elles ont ouvert la voie aux réformes, qu'elles inspirent l'esprit d'indépendance, la soif du progrès, qu'elles conduisent à des conclusions inconciliables avec l'orthodoxie. Aussi il n'en distribue que de faibles notions, arrangées et accommodées aux besoins de la théologie. C'est pour lui et sur sa demande, que plusieurs savants complaisants ont élaboré des manuels qui, loin de donner des démentis à la Bible, servent à la fortifier et à la commenter; ils ont fait de prétendus accords de la science et de la Genèse, une géologie sacrée, une astronomie sacrée, etc.

Moyennant ces précautions, les élèves, en sortant du séminaire, se croient munis contre les objections de l'incrédulité; du moins, ils ne sont pas désarçonnés du premier choc; et, s'ils ont affaire à des novices, ils peuvent faire parade de connaissances scientifiques, lâcher quelques mots techniques, et même passer pour des savants. Et comme la plupart d'entre eux ne sont exposés à rencontrer que des ignorants, les ecclésiastiques ont toute chance de se tirer d'affaire avec ce mince bagage.

Gabriel était heureux dans cette maison où on ne l'entretenait que de l'objet de ses affections, c'est-à-dire, de la sainte religion dont il aspirait à devenir le ministre.

Quand il eut achevé ses humanités, il passa au grand séminaire où il continua de jouir de la bourse due à la munificence de l'évêque. Là, il trouva un genre de vie fort différent. Les élèves n'étaient plus des enfants; c'étaient des adolescents; quelques-uns même étaient âgés de plus de vingt ans, avaient vécu dans le monde, avaient passé par diverses positions avant d'embrasser l'état ecclésiastique. Plus de jeux, de récréations; les entretiens étaient graves. Au lieu de cet abandon, de cet enjouement qui animait les relations des élèves au petit séminaire, il remarquait que ses condisciples étaient réservés dans leurs propos, s'observaient réciproquement; quelques-uns même semblaient exercer une sorte de surveillance occulte; leurs regards exprimaient la défiance. On eut dit que l'espionnage exerçait sa sinistre influence, comprimait la gaieté, arrêtait toute expansion. La douce camaraderie était bannie.

Gabriel fut d'abord affecté péniblement de cette contrainte à laquelle il n'était pas habitué. Il se fit peu à peu au ton et aux manières de ce milieu.

Il se mit aux études de philosophie et de théologie. Là on est censé exercer l'intelligence des élèves, mais on semble avoir pour but de la fausser par les subtilités de la scholastique ; on y apprend à ergoter plutôt qu'à raisonner. On se livre à des joûtes d'argumentation, dans lesquelles les plus loquaces montrent leur facilité à pérorer sur toute espèce de sujets, à épiloguer, à torturer les textes pour y trouver tout ce qu'on est décidé d'avance à y voir. En définitive, on ne s'y forme pas à la recherche du vrai ; on s'arme plutôt pour résister à l'esprit scientifique.

Gabriel se prêta à tous ces genres d'esprit, dans lesquels il n'était inférieur à aucun de ses condisciples, mais il ne cherchait pas à obtenir la supériorité; il ne s'y prêtait que par obéissance, sans éprouver de goût pour des travaux qui lui paraissaient stériles.

Il ressentit un profond étonnement quand il s'agit, dans sa classe, de disserter sur les articles de dogme, qu'il avait regardés comme indiscutables et incontestables. On mit sur le tapis l'existence de Dieu : un des élèves exprimait des preuves en faveur de l'affirmative ; un autre, jouant le rôle de l'avocat du diable, présentait les objections, et se faisait un point d'honneur de les faire valoir avec habileté ; puis il y avait réplique et riposte. Le professeur résumait le débat et concluait, bien entendu, en faveur de la proposition orthodoxe, qu'il déclarait invinciblement démontrée.

Mais Gabriel ne pouvait comprendre qu'on se livrât à de tels exercices. Tout•ce qu'enseigne l'Église était pour lui parfaitement vrai et n'avait pas besoin d'être prouvé ; creuser de pareils sujets c'est s'exposer à faire naître le doute, c'est jeter le trouble dans les consciences ; il n'y avait que des impies, des réprouvés qui pussent mettre en question la vérité des dogmes ; et la seule réponse qu'ils méritent, c'est celle qu'on leur opposait au moyen-âge, au bon temps de l'Église, alors que le bras séculier se mettait à son service pour étouffer la voix des hérétiques et pour les condamner au bûcher. Quand Dieu a parlé, l'homme n'a plus à discuter, á examiner, il doit se prosterner en silence.

Il ne s'expliquait pas qu'on ait abandonné ces saines traditions, consacrées par tous les décrets des conciles et des papes ; il maudissait la révolution qui avait sapé toutes les croyances, introduit les idées libérales, c'est-à-dire l'esprit de révolte ; et il s'associait de grand cœur au jugement des écrivains du parti catholique , qui déclarent satanique le mouvement de 89. Il enveloppait dans la même malédiction les chartes, les constitutions, le suffrage universel et les droits de l'homme. Il ne connaissait que le droit catholique, incarné dans le pontife suprême, lieutenant de Dieu, arbitre souverain en toute matière, aussi bien au temporel qu'au spirituel ; au-dessous de lui sont les dynasties élues de Dieu , chargées de gouverner les peuples, mais subordonnées au pape, qui peut leur tracer la règle à suivre et au besoin les déposer quand elles s'en écartent , comme on a fait de l'empereur et du roi de France Henri IV, avant qu'il ait abjuré ses erreurs.

Son professeur, auquel il s'ouvrit à ce sujet, approuvait son zèle , mais ajoutait qu'eu égard au malheur des temps, il fallait bien souffrir ce qu'on ne pouvait empêcher. « Il serait, lui disait-il , à désirer qu'on supprimât la liberté de la presse qui n'est que la liberté de répandre les poisons les plus pernicieux. La liberté n'appartient qu'à l'Église, qui seule possède la vérité et qui n'use de la liberté que pour répandre la parole de Dieu. L'erreur n'a aucun droit ; et les gouvernements qui laissent toute latitude aux écrivains de propager des doctrines condamnées par le saint-siége , méconnaissent la loi de Dieu et l'autorité de la sainte Église. Mais, tant qu'on ne sera pas parvenu à écraser l'hydre révolutionnaire, les hommes de bien sont obligés de lutter contre le débordement de l'impiété. Nous devons donc nous mettre en mesure de réfuter leurs sophismes, de faire justice de leurs blasphèmes, de confondre leur audace. Nous avons besoin de lire leurs écrits, de surmonter la répugnance qu'ils nous inspirent, afin que le troupeau des enfants de Dieu ne soit pas exposé sans défiance à leurs embûches. »

III.

Gabriel eut à passer par des épreuves bien plus épineuses. Quand il fut à la fin du cours de morale, le professeur aborda ce qu'on appelle la *diaconale*; c'est l'examen des cas de conscience qui concernent la luxure et les rapports sexuels entre époux. Ce sujet est extrêmement scabreux. Le maître avait beau employer des euphèmismes, il lui fallait bien exposer au net les questions à traiter. Le prêtre étant chargé, dans le tribunal de la pénitence, d'absoudre les pécheurs, est tenu, dit l'Église, d'interroger le pénitent, d'examiner à fond l'état de sa conscience, de juger s'il mérite, ou non, l'absolution; il doit donc connaître tous les genres de péchés, distinguer ceux qui sont mortels ou simplement véniels, les circonstances aggravantes ou atténuantes. De là est née la *casuistique* sur laquelle les théologiens se sont longuement exercés. Dans la *diaconale*, on scrute tous les genres de luxure, on apprend ce qu'il y a à décider sur tous les libertinages imaginables. En ce qui concerne les relations entre époux, on examine en quoi consiste le devoir conjugal, en quel cas il peut être rendu, exigé, refusé, ce que les époux peuvent se permettre et à quelles conditions, quelles caresses sont licites ou illicites. Les casuistes ont fait preuve, en cette matière, d'une riche imagination, et leurs ouvrages, écrits la plupart en latin, fourmillent de tableaux érotiques et de détails tellement lubriques, qu'on n'oserait les traduire en langue vulgaire et que leur audace dépasse celle des productions les plus cyniques.

Gabriel était resté constamment dans un état de pureté immaculée ; son esprit était aussi chaste que son corps. Il se trouva tout étourdi quand il entendit débattre ces étranges questions, qu'il ne comprenait que confusément. Sa pudeur était alarmée, il se croyait en proie à un mauvais rêve ; il se demandait s'il était bien dans la maison de Dieu, si c'était bien son guide spirituel qui tenait des discours aussi impudiques. Obligé de répondre à son tour, il rougissait, balbutiait quelques mots incohérents, et finalement confessait son ignorance sur un sujet qui excitait chez lui une vive répugnance. Ses condisciples le regardaient d'un air de pitié dédaigneuse et acceptaient sans broncher le débat, comme des gens qui n'ont rien à apprendre et auxquels la matière est dès longtemps familière.

Le professeur éprouva de la compassion pour cet élève trop candide et le prit en particulier pour lui donner des éclaircissements indispensables. Il fallut le traiter comme un enfant; car le pauvre Gabriel s'était renfermé, si strictement dans son innocence, qu'il ne se doutait pas de ce que tout le monde sait. Il n'avait jamais jeté les yeux sur une femme, n'avait jamais eu occasion de voir, même en peinture, des nudités. L'amour était pour lui un monde complétement inconnu. Il savait que c'est la perdition de l'homme et que la plus sublime vertu consiste à le fuir avec horreur. Et voilà que brusquement on lui dit que, pour exercer son ministère sacerdotal, il lui faut connaître à fond tous ces mystères, s'initier à la science de la volupté, sans jamais pouvoir y goûter pour son compte; il doit pratiquer la chasteté, mais savoir tout ce qui se passe chez ceux qui ne l'observent pas; il doit réfréner ses sens, renoncer à l'amour, mais être au courant de toutes les choses amoureuses. (1)

Étrange contradiction ! Il ne pouvait s'empêcher de faire remarquer à son maître, combien une telle étude était périlleuse, propre à embraser les sens, à faire naître des désirs coupables. Mais on lui répondit que l'Église le voulait ainsi, que telle était la condition indispensable pour remplir le ministère ecclésiastique, que la pureté du but sanctifiait tout ; que sans doute il aurait à subir des tentations, mais qu'il n'aurait que plus de mérite à les vaincre et qu'il y réussirait avec la grâce de Dieu.

IV.

A la fin de ses études, il passa d'une manière satisfaisante ses examens, et il fut promu successivement aux trois ordres majeurs, au sous-diaconat, au diaconat et enfin à la prêtrise. Ce fut un grand jour pour lui et pour sa famille, que celui où il reçut la consécration. Gabriel était heureux d'entrer dans la carrière apostolique, pour laquelle il avait une inclination décidée. Mais il se faisait une si haute idée de ses devoirs, qu'il n'acceptait qu'avec effroi la lourde

(1) Un livre publié récemment sur cette matière par l'abbé Craisson, est intitulé *De rebus venereïs*.

responsabilité qui allait peser sur lui. Il ne se croyait pas digne de telles prérogatives, et, le matin même, il confia ses hésitations à son confesseur. Celui-ci le rassura et lui certifia qu'il y avait signe visible de vocation et que ce serait aller contre la volonté de Dieu, que de ne pas remplir le ministère auquel il était appelé.

Quant à ses parents, ils étaient transportés de joie. Leurs vœux étaient comblés. Voir leur fils prêtre, c'était pour eux l'honneur le plus insigne. Ils se croyaient dès lors assurés de la faveur céleste.

La cérémonie se fit avec la solennité habituelle. Un des grands vicaires fit un fort beau sermon sur la dignité du prêtre. Il prouva que le prêtre, par son ordination, est au-dessus de l'humanité; car il a le privilége de distribuer les choses saintes, d'administrer les sacrements, de juger les consciences; il est au-dessus des rois et des princes qui sont obligés de s'agenouiller devant lui et d'implorer de lui l'absolution; il est au-dessus des anges qui ne possèdent pas de tels pouvoirs (car un ange n'a pas le droit de dire la messe); il est même, à certains égards, supérieur à Dieu, car, à la voix du prêtre qui consacre les espèces eucharistiques, Dieu obéit et vient docilement s'enfermer dans les espèces du pain et du vin. L'orateur en concluait que les peuples doivent au prêtre respect et obéissance, que l'ordre social ne peut être maintenu qu'autant que les populations sont soumises à l'Église, exécutent fidèlement ses décrets, écoutent sa voix comme celle de Dieu même.

L'auditoire, composé d'ecclésiastiques, de leurs parents et de leurs amis, écoutait ces paroles avec recueillement : tous manifestaient, par leur physionomie, leur parfait acquiescement. Le prédicateur avait la satisfaction peu commune de ne prêcher qu'à des gens qui n'avaient pas besoin d'être convertis et qui étaient disposés d'avance à admirer tout ce qu'il dirait.

Quelques jours après, Gabriel dit sa première messe. Il croyait fermement à l'efficacité de son ministère, il croyait à son pouvoir de faire descendre Dieu à son commandement, comme l'avait si bien expliqué le grand vicaire. Sa figure était rayonnante de bonheur et de majesté; quand il prononça pour la première fois les paroles sacramentelles, il était tellement ému qu'il faillit laisser tomber de ses mains l'hostie dans laquelle Dieu venait de se renfermer. Il resta quelques minutes en contemplation. Il fallut que le vieux prêtre qui l'assistait, lui fit un signe pour le rappeler à la réalité de la vie pratique. — Sans doute, la messe est une belle chose; mais elle doit avoir une durée déterminée, sur laquelle comptent les assistants. Si l'officiant se laissait entraîner à ses extases, l'ordre et la marche des offices seraient troublés, le programme dérangé.

Une fois sa messe terminée, et Gabriel rentré dans la sacristie, le prêtre qui l'avait assisté lui fit amicalement ses observations et l'engagea, pour l'avenir, à expédier ses messes plus promptement, sauf à se livrer, en son particulier à ses méditations.

Toutefois Gabriel fut cité comme un prêtre d'une piété fervente, comme un saint.

L'évêque eut à délibérer sur l'emploi à lui conférer. Il tenait, chaque semaine, une réunion avec ses grands vicaires et quelques conseillers intimes; c'est là qu'on appréciait les sujets ecclésiastiques, qu'on statuait sur la distribution des emplois. Gabriel était bien noté sous beaucoup de rapports. Mais le supérieur du grand séminaire, qui faisait partie du conseil, fit observer que son inexpérience excessive l'empêcherait d'être un habile confesseur, qu'il ne saurait pas manier les femmes, les conduire, tirer de la confession le parti le plus avantageux au bien de l'Église. Cette considération empêcha qu'on lui accordât une cure dont il avait été question pour lui; on ne lui

confia qu'un emploi des plus modiques, et il fut envoyé
comme vicaire dans la petite paroisse de Saint-Lucien ;
on le plaçait auprès d'un curé habile qui saurait bien le
former.

V.

Gabriel qui était sans ambition, accepta avec joie le
poste auquel il était appelé.

Son curé, l'abbé Bourgeois, était un homme gros et
gras ; ses joues pourprées, son teint fleuri, son double
menton, son œil sensuel dénotaient un ami de la
bonne chère et du plaisir. Et, de fait, il ne se refusait
rien. Il était renommé comme un bon convive, comme
un aimable causeur. Aussi était-il invité fréquemment
dans les meilleures maisons. Il semblait qu'une fête
sans lui n'aurait pas été complète. Il passait pour
avoir eu quelques aventures galantes. Mais comme il
avait toujours su agir avec mystère et discrétion, on
n'avait jamais pu le prendre en défaut. Il circulait
bien, sur son compte, des bruits peu édifiants, mais
il n'y avait jamais eu de preuve décisive, et les bonnes
âmes protestaient avec indignation contre les récits qui
alimentaient la curiosité publique.

Homme habile avant tout, il comprenait que, pour
maintenir sa position et pour s'élever même à de plus

hauts emplois, il fallait déployer beaucoup de zèle. Aussi affichait-il les opinions les plus tranchantes : légitimiste exalté, ultramontain inflexible, il ne transigeait pas avec les idées libérales. Il avait surtout un talent qui lui avait attiré la faveur de l'évêque, c'était celui de recueillir d'abondantes offrandes pour toutes les bonnes œuvres, et la liste en était longue. Tantôt c'était pour les réparations de son église, tantôt pour les besoins du séminaire ; c'était le denier de Saint-Pierre, l'œuvre des petits chinois, la propagation de la Foi, etc. Il allait même au-devant des désirs de ses supérieurs : ayant appris que, dans un diocèse voisin, on avait fait des quêtes pour offrir à Notre St-Père le Pape une magnifique chasuble à l'occasion du cinquantième anniversaire de sa première messe, il proposa d'offrir au Pape un calice d'or, enrichi de diamants. On lui sut gré de cette ingénieuse initiative. Dès qu'il s'agissait de quêter, de demander, il était infatigable ; il pénétrait partout, il se multipliait, il sollicitait, insistait, allait même jusqu'à l'importunité. Il n'y avait pas moyen de lui refuser. Il ne négligeait pas les petites aumônes ; il allait jusque chez les pauvres gens, les tourmentait, les obsédait, et ne lâchait prise qu'après leur avoir arraché quelques sous. («Les petits ruisseaux font les grandes rivières,» disait-il.)

On avait beau lui remontrer que les malheureux se privaient de leur nécessaire pour donner au pape qui ne manquait de rien, un objet de luxe, une superfluité. Il ne s'arrêtait pas à de telles objections. Enrichir l'Église est la première des vertus ; on ne peut faire un meilleur usage de sa fortune, que de l'offrir à Dieu ; or, Dieu ou ses représentants, c'est tout un. Plus on se prive en faveur de l'Église, plus le don est méritoire et mieux on en sera récompensé dans le royaume céleste.

L'évêque et ses grands vicaires faisaient grand cas de ce curé dévoué ; il jouissait d'un grand crédit , e^t l'on s'attendait à le voir arriver à l'un des canonicats qui viendraient à vaquer.

Il reçut avec bonté son nouveau vicaire et le chargea de prêcher le dimanche suivant. C'était un bon moyen de se faire connaître et de se poser avantageusement vis-à-vis de ses paroissiens.

On célébrait une des fêtes de la Vierge, qui dans le nouveau bréviaire romain sont plus nombreuses que les mois de l'année ; la fête de la pureté de Marie.

Gabriel ne pouvait pas rencontrer un plus beau sujet. Aussi se montra-t-il éloquent, passionné; il ne tarissait pas en éloges de la mère de Dieu et de sa chasteté incomparable. Il eut des mouvements oratoires qui ravirent l'auditoire ; les dévotes pleuraient à chaudes larmes, tout le monde était ému. Malheureusement, le prédicateur encore inexpérimenté s'abandonnait trop à son enthousiasme ; il ne sut pas être maître de soi ; il avait des éclats de voix désordonnés ; craignant de ne pas assez louer son héroïne, il ressassait les épithètes les plus ronflantes ; il ne s'apercevait pas qu'il commettait des redites ; ses périodes, entremêlées de phrases incidentes, restaient inachevées ; il s'embrouillait, poussait des exclamations, gesticulait avec véhémence. Un critique aurait certainement trouvé beaucoup à redire dans ce panégyrique ; mais les paroissiens ne virent qu'à admirer. Son succès fut prodigieux.

Il était doué d'un physique fort agréable, sa physionomie était caressante, son regard sympathique. Il fut généralement goûté ; on put dire qu'il était le lion de la localité.

Ce fut là l'apogée de sa piété. A partir de ce jour commença pour lui une série de pénibles épreuves.

VI.

Il ne s'était pas enquis de la personne de son prédécesseur, qu'il n'avait jamais vu. Ce fut par un hasard étrange qu'il reçut des informations sur son compte.

Quelques jours après son premier sermon, il était chez lui , occupé de ses lectures favorites. Comme il faisait très-chaud, il avait laissé entr'ouverte la fenêtre donnant sur la rue. Il entendit une conversation où son nom était prononcé à plusieurs reprises. Il écouta. Un des interlocuteurs faisait son éloge ; l'autre fit alors un rapprochement entre le nouveau vicaire et l'ancien. «Nous avons, dit-il. un saint homme ; il aura beaucoup à faire pour effacer le scandale causé par l'abbé Legrand.»

— «Comment, dit l'autre , qui était étranger au bourg? De quoi s'agit-il ? »

— « Ah ! répondit le premier , il y a eu une notoriété tellement éclatante qu'il a bien fallu user de rigueur. Cet abbé avait des mœurs détestables ; il se servait de la confession pour séduire ses pénitentes. En dernier lieu, il a été surpris dans la sacristie avec une jeune dame. Ses précautions avaient été mal prises. Les témoins de cette scène ont fait du bruit. Le clergé a voulu en vain étouffer l'affaire. Les preuves étaient accablantes. L'évêque a été obligé de sévir. »

— « Ce prêtre indigne a sans doute été révoqué , condamné à une dure pénitence ? »

— « Du tout. On s'est contenté de lui infliger un changement de résidence. Le jour même de son départ il a dit la messe; il avait l'air arrogant et semblait braver l'opinion publique. Le nouveau poste qu'on lui confie est même plus important que celui qu'il a quitté. Oh! le clergé attache peu d'importance à ces vétilles.»

Gabriel, en entendant ces révélations fut abasourdi. Il ne pouvait croire à la réalité de pareils faits. « Non, se disait-il, il n'est pas possible qu'un prêtre oublie ses devoirs à un tel point, manque aussi gravement à ses vœux. Et si un tel crime était commis, ce prêtre sacrilége encourrait les plus affreux supplices , l'Église le rejetterait avec horreur de son sein, lancerait contre lui ses anathèmes. Non , cela n'est pas. »

Mais il venait d'entendre un récit circonstancié , présentant tous les caractères d'exactitude. Ce souvenir le tourmentait. Il aurait voulu s'éclairer , savoir à quoi s'en tenir. Mais à qui s'adresser ? En faisant des questions sur un sujet si délicat, il s'exposait à provoquer des commentaires malveillants pour l'Église. En définitive, il n'était pas le juge de cet homme qui peut-être était calomnié. Il résolut donc de garder le silence.

En causant avec le curé, il amena la conversation sur l'abbé Legrand, sans manifester aucune curiosité. Le curé Bourgeois ne parut nullement ému, le nom de Legrand ne semblait réveiller chez lui aucun souvenir désagréable ; au contraire , il rappela avec éloge les circonstances où cet ecclésiastique avait coopéré saintement à une foule de bonnes œuvres; il vanta sa charité , son zèle à conduire les âmes vers la perfection. Gabriel se sentit rassuré. Il se reprocha d'avoir pu un instant ajouter foi à des contes odieux , qui n'avaient pu être forgés que par les ennemis de notre sainte religion.

Le curé ne manquait pas de talent comme prédicateur. Il avait cultivé, au séminaire, ce genre d'exercice qu'on appelle l'amplification, qui consiste à traiter n'importe quel sujet, à plaider toutes les causes; il avait de la faconde, il s'échauffait, trouvait des tirades sonores, des mots à effet. En un mot, il avait profité des leçons de rhétorique, et il aurait pu avec la même facilité soutenir les thèses les plus opposées. Gabriel était pénétré d'estime pour son supérieur, édifié de sa piété, disposé à lui accorder une confiance sans borne.

Un incident vint amener des nuages dans ce ciel serein. Gabriel occupait l'appartement de son prédécesseur, qui dépendait d'un édifice public appartenant à la Fabrique. Il fit faire quelques travaux de menuiserie. Derrière un panneau, l'ouvrier trouva une liasse de papiers qu'il apporta à Gabriel. Celui-ci se crut obligé d'en prendre connaissance. Dès les premières lignes, il éprouva un sentiment poignant de douleur, comme si un serpent l'eût mordu au cœur. C'étaient des lettres d'amour, écrites à l'abbé Legrand ; les unes respiraient une passion impétueuse ; d'autres étaient d'un style grivois et même émaillées d'obcènités. Il n'y avait plus à douter. Les preuves étaient accablantes. « Quoi, se dit Gabriel, ce misérable vivait dans la fange du vice, et il continuait de célébrer les saints mystères, il commettait journellement d'horribles sacriléges. Et ses supérieurs lui ont imprudemment conservé des pouvoirs dont il fait un si criminel usage ! Ah ! c'est qu'ils ont été aveuglés sur son compte, ils ont été dupes de ses dehors fallacieux. Il faut les avertir sans délai, afin qu'ils mettent un terme au mal. »

Aussitôt il se rendit chez son curé et lui apporta les pièces de conviction. Il était ému, agité ; il lui en coûtait de faire une dénonciation ; mais le bien de la cause l'exigeait ; il fallait faire justice d'un tel prévaricateur.

Il s'attendait à voir sa sainte colère partagée par le curé. Mais, à son grand étonnement, celui-ci ne montra que de la froideur et de l'impatience. Il fit une moue dédaigneuse et déclara sèchement qu'il savait ce qu'il avait à faire. Son attitude glaciale annonçait à Gabriel qu'il avait fait un pas de clerc. Comment ! ces révélations ne faisaient aucune impression sur le curé ! Il ne sentait nullement le besoin de sévir! La conduite infâme de l'abbé n'excite pas son indignation ; il ne paraît pas disposé à éclairer l'évêque! Et Legrand continuera d'exercer son ministère!...

Gabriel se perdait dans un abîme de réflexions amères. Il ne savait plus à qui s'adresser. L'indifférence du curé sur un cas si grave, ne constitue-t-elle pas une sorte de complicité? Et pourtant, ce curé, dans ses sermons, dans ses entretiens, montre une si ardente conviction, une piété si sincère, une onction si pathétique... Tout cela serait-il simulé? Ces sermons ne sont-ils que des déclamations, comme les discours que font les élèves en prenant des modèles dans le *Conciones?* Oh ! Mais ce serait affreux. Y a-t-il de la piété sur terre? Y a-t-il quelque part de la foi?...

Ce fut la première fois que le doute s'introduisit dans son esprit. Un prêtre incrédule lui avait paru jusque-là une monstruosité inconcevable. Maintenant c'était pour lui une hideuse réalité. Puis il se demandait si c'était un phénomène exceptionnel. Ce Legrand est-il une sorte de démon incarné?... Mais, qui sait? D'autres, peut-être, font comme lui, jouent la comédie, débitent des sermons comme un acteur débite son rôle, sans conviction, pour satisfaire aux exigences de leur métier. Mais comment discerner les bons des mauvais? Ces prêtres hypocrites, ces loups dévorants, revêtus de la peau des brebis, font-ils la majorité dans la milice consacrée au Seigneur? Et les pasteurs des pasteurs, les évêques, le Saint Père lui-même? Oh! si c'étaient autant d'émules de Legrand? Car, enfin, les rapports contre cet abominable vicaire étaient véridiques; et on l'a laissé impuni, on lui a même donné de l'avancement. Le curé, évidemment, savait tout; et il a passé l'éponge sur des crimes. Horrible! Et l'évêque qui confie au coupable un emploi avec charge d'âmes, a-t-il pu ignorer les causes qui ont rendu impossible son séjour dans la paroisse de Saint-Lucien?... Cruelle anxiété!

Depuis cet évènement, Gabriel n'était plus le même. Il s'acquittait ponctuellement de tous les devoirs de sa charge; mais il ne le faisait plus avec la même allégresse, le même entrain; il était soucieux, il avait comme un ver rongeur qui s'attachait à sa conscience. Son curé était devenu pour lui, froid et réservé et éprouvait en sa présence une gêne visible.

VII.

L'évêque vint dans la paroisse pour donner la confirmation. C'était, pour le pays, une grande solennité qui ne revenait que tous les cinq ou six ans. On rendit au prélat des honneurs qui dépassaient ce qu'on aurait pu faire pour le souverain. Les pompiers de tout le canton furent rassemblés pour lui servir d'escorte depuis les limites du territoire, ayant tous des bouquets au canon de leurs fusils. A l'entrée de la commune, tous les maires, adjoints, gardes champêtres et autres fonctionnaires l'attendaient pour lui présenter leurs hommages. Le maire du chef-lieu le reçut sous un arc-de-triomphe et le harangua. Puis une immense procession se mit à défiler jusqu'à l'église principale. On y voyait une foule de congrégations avec leurs bannières de toutes couleurs; les congréganistes chantaient des cantiques; les chantres psalmodiaient des litanies, avec accompagnement d'ophicléides; toutes les cloches étaient en branle; le canon unique de la commune tonnait de minute en minute; les maisons étaient pavoisées, décorées comme à la Fête-Dieu. L'évêque, placé sous le dais qui sert au saint sacrement, s'avançait majestueusement, revêtu de ses splendides ornements. On se prosternait sur son passage pour recevoir sa bénédiction; des enfants de chœur le précédaient en semant des fleurs, pendant que d'autres l'encensaient. C'était une véritable divinité. Sa vue inspirait un enthousiasme mêlé de vénération; on s'estimait heureux d'avoir pu contempler un instant ce haut personnage.

Après la cérémonie, le curé offrit à l'évêque un repas, suivant l'usage. Le nombre des convives était fort restreint; il avait soumis d'avance au prélat la liste des invités; et, d'après ses intentions, il n'y avait compris que le grand vicaire et les deux ecclésiastiques de sa suite, deux curés du voisinage, et enfin le vicaire de la paroisse qui ne pouvait être mis à l'écart.

Le dîner fut servi avec luxe : il y avait profusion de mets exquis et dispendieux, des primeurs, des friandises qu'on avait fait venir de la ville voisine. Les vins étaient variés et de premier choix. On fit honneur au festin. La séance gastronomique se prolongea longtemps. Monseigneur était gourmet et doué d'un excellent appétit; il donna l'exemple, mangea de tout, but à plusieurs reprises de tous les vins, sans oublier les liqueurs qui portaient des noms propres à inspirer la dévotion, telles que Chartreuse des trois couleurs, Bénédictine, Trappistine, Capucinine, liqueur des Templiers. Les convives tinrent tête à leur supérieur, et au dessert, une douce satisfaction épanouissait toutes les béates physionomies. On était animé, on causait bruyamment, la gaîté faisait jail-

lir des saillies un peu risquées ; un des curés , qui
avait été officier de dragons, conta des histoires égril-
lardes , fort peu gazées. Monseigneur riait aux éclats
et faisait de petis commentaires tant soit peu épicés ;
ses yeux à demi clos lançaient des regards grivois ; heureusement, la salle à manger donnait sur le jardin ;
sans quoi, le tapage que faisait cette réunion d'hommes de Dieu , aurait causé dans le voisinage un certain émoi et aurait pu altérer chez la population les
impressions produites par la vue de la procession.

Gabriel était tout étourdi de cette scène. Il se figurait un évêque impassible comme un saint dans sa
niche, vivant d'une vie aérienne, n'ayant rien de
commun avec les faiblesses humaines. Il le voyait
dépouillé de son auréole en même temps que de sa
mitre ; le dieu s'abaissait jusqu'à terre , n'était plus
qu'un être vulgaire, gourmand, sensuel, grossier, se
délectant de plaisanteries impudiques, de récits crous-
tilleux dont un bon chrétien ne pouvait supporter la
pensée qu'avec dégoût. Il était désillusionné. Il lui
semblait voir des acteurs qui, après avoir rempli sur
la scène les rôles de héros et de grands personnages ,
quittent leur costume d'emprunt et redescendent à
toutes les trivialités de leur vie d'histrion. D'autres
réflexions se pressaient en foule dans son esprit. Il

avait lu et relu avec délices la *Vie des Saints*; les
hommes d'élite, que l'Église propose à notre admira-
ration et à notre imitation, y sont représentés comme
pratiquant la mortification la plus rigoureuse; ils se
privent de tous les plaisirs, ils s'infligent les austéri-
tés les plus effroyables, ils ne se nourrissent que des
mets les plus répugnants, ils martyrisent leur corps;
leur esprit, dégagé de la vile matière, s'épure par
ces durs sacrifices et se rend digne de converser avec
Dieu. C'étaient là les exemples que les prêtres vantaient en chaire; ils exigeaient des fidèles une renonciation aux voluptés, l'immolation de la chair. Et,
sous ses yeux, les pasteurs se rient de ces leçons; et
comme ces pharisiens dont parle l'Évangile, ils font
tout le contraire de ce qu'ils prescrivent. Comment
croire à leur sincérité? Ce ne sont donc que des sy-
cophantes qui exploitent la crédulité des ouailles.

Et ce curé, qui, en quelques heures, a dépensé
une somme considérable pour procurer des jouissances à son évêque et à ses amis, a-t-il bien observé
les préceptes de l'Évangile? Comme il n'a pas de fortune personnelle, il n'a pu subvenir à cette prodiga-
lité que par les produits de sa cure, qui sont destinés
à lui procurer le strict nécessaire, et ensuite au soulagement des pauvres; c'est là une destination sacrée

et à laquelle il a manqué. Les dons des fidèles devaient servir au bien de l'Église et ont été dépensés en orgie. N'y a-t-il pas là un rapprochement à faire avec la parabole de Lazare (1)? Le riche vit dans l'opulence, contente toutes ses fantaisies, pendant que Lazare, pauvre, couvert d'ulcères, manquant de tout, n'a pas même la faculté de ramasser les miettes qui tombent de sa table. C'est pourquoi Jésus admet ce pauvre dans le séjour du bonheur céleste et condamne le riche aux supplices de l'Enfer. N'y a-t-il pas partout des Lazare, des déshérités, des gens qui meurent de faim? Dans la paroisse même, il y a beaucoup d'indigents qu'on aurait pu secourir avec la somme dépensée pour le festin. Ces pauvres ne crieront-ils pas devant Dieu contre l'égoïsme et la sensualité de ces prêtres infidèles aux préceptes de Jésus?

Les revenus du curé se composent, non-seulement de son casuel, c'est-à-dire, des impôts qu'il perçoit sur les fidèles pour certains actes de son ministère; mais aussi des offrandes volontaires de quelques paroissiens qui les font de confiance et sans condition, mais, à coup sûr, avec la persuasion qu'elles seront employées en œuvres pies. Que penseraient ces bon-

(1) Luc, XVI.

nes gens si l'on venait leur dire que ces dons formés de prélévements sur les besoins de leur famille, ont servi à régaler Monseigneur de perdreaux truffés, à pourvoir sa table du Xérès et du Porto que sa grandeur a daigné déguster?

Gabriel, placé au bout de la table, resta pendant tout le repas, triste et silencieux, et toucha à peine aux mets que lui servait le valet de chambre en livrée. Personne ne fit attention à lui; sa mine sévère aurait pu sembler un reproche vivant aux joyeux convives. Il s'esquiva, dès qu'on sortit de table, et il rentra dans son modeste logis, en proie à une tristesse profonde. Un sombre nuage offusquait son esprit. Il s'efforçait du moins de maintenir intacte sa foi en la religion qui, se disait-il, ne doit pas être compromise par le démérite de ses représentants. Il s'efforçait, par la prière, de sauvegarder ses croyances, mais il sentait qu'elles couraient un grave danger. Il s'était établi une solidarité entre ces croyances et les hommes qui sont considérés comme ayant reçu de Dieu la mission de les enseigner au monde et en même temps le privilége d'exercer un ministère sacré. Ils sont les intermédiaires obligés entre Dieu et l'humanité : s'ils perdent la confiance et le respect, l'individu, forcé de s'éloigner d'eux, sera amené nécessairement à répudier le système auquel étaient liées leurs fonctions.

Gabriel et son curé ne pouvaient plus s'aborder sans un certain embarras ; ils ne s'entretenaient que des objets strictement nécessaires au service. Le curé savait cependant qu'il n'avait rien à craindre de son vicaire qui n'était pas homme à le desservir auprès de ses supérieurs et qui d'ailleurs aurait échoué dans une telle tentative, s'il l'eût entreprise. Mais il voyait en lui un censeur dont la rigidité l'importunait. Il résolut de se défaire de lui. Il ne pouvait songer à le faire révoquer ; car il n'avait contre lui aucun grief avouable, et d'ailleurs il était incapable de commettre cette mauvaise action. Il fit sur lui les rapports les plus favorables et demanda qu'on lui accordât une cure le plus tôt possible. Sa demande fut promptement couronnée de succès. Gabriel fut nommé desservant de la Tribouillère.

VIII.

C'était la paroisse la plus pauvre du diocèse ; il y avait à peine 150 habitants, ignorants et superstitieux. Le presbytère était en très-bon état et avait été soigneusement entretenu par le dernier curé qui y était mort après cinquante ans d'exercice et avait légué à la *mense curiale* son mobilier et sa bibliothèque. Cet avantage était précieux et permettait à Gabriel de consacrer son temps à l'étude.

Il fut charmé de quitter un poste où de fâcheux souvenirs venaient troubler son esprit, ébranler sa foi. Dès qu'il se trouva dans un séjour champêtre, il fut plus à l'aise et reprit son calme ordinaire ; il oublia les réflexions que lui avaient inspirées les scènes dont il avait été témoin.

Il se livra avec amour aux travaux de son ministère et se fit bientôt aimer de ses paroissiens. Il mettait un grand zèle à catéchiser les enfants, à visiter les malades, à consoler les mourants, il employait à soulager les pauvres tout ce qu'il pouvait prendre sur ses maigres ressources. Il vivait avec une extrême frugalité et s'imposait des jeûnes fréquents ; il était heureux d'économiser pour venir au secours de quelques infortunes. Il s'attachait de jour en jour à son office et ne demandait qu'à y rester toute sa vie, à l'exemple de son respectable prédécesseur.

Son église était extrêmement simple. Les objets d'art, dont elle était ornée, étaient des tableaux fort grossièrement exécutés, et des statues tellement informes qu'un homme de goût n'aurait pu les regarder sans rire. Mais les bons paysans n'étaient pas difficiles. C'étaient leurs saints de prédilection, les patrons qu'avaient invoqués leurs ancêtres, et pour lesquels ils avaient une grande dévotion ; ils ne les auraient pas changés pour les chefs-d'œuvre de Phidias et de Michel-Ange. Chacun de ces manitous avait sa spécialité. Il y avait un Saint-Blaise qui empêchait les vaches d'avorter ; le paysan apportait du foin qu'il faisait bénir et donnait à manger à sa bête pendant neuf jours, après avoir fait dire un évangile à son intention.

Il y avait Sainte-Barbe qui guérissait du rhume ; le malade râclait le mur extérieur, en mettait la poussière dans un verre d'eau et buvait cela à jeun pendant neuf jours. Il y avait Saint-Léonard qui faisait marcher les enfants, Sainte-Christine qui les faisait parler. Le saint le plus renommé de cette petite église était Saint-Criard. Le véritable nom de ce saint était Mammès. On le représente couché sur le dos, les boyaux lui sortent par le nombril, il se démène, et les contorsions de son visage expriment ses horribles souffrances. Il était hideux et dégoûtant. On lui amenait les petits enfants, on leur faisait dire un évangile, on forçait l'enfant à baiser l'affreux magot auquel on faisait toucher une chemise que l'enfant devait porter sans discontinuer pendant neuf jours. Moyennant ce rituel, il ne devait plus crier. Si malgré toutes ces

précautions, il lui arrivait encore de crier, il était
dans son tort, on lui appliquait une paire de taloches
et l'on ne s'occupait plus de lui; la mère ou la nourrice avait fait pour lui tout ce qu'elle devait faire, elle
était en règle. Si l'enfant meurt, elle n'aura pas sa
mort sur la conscience. C'est ainsi qu'à l'aide d'une
pratique niaise, on se dispense de rechercher pourquoi l'enfant crie et pleure, et l'on néglige de lui donner les soins qui auraient pu le sauver.

L'Église possédait une relique insigne, c'était un
cheveu de la Vierge, que Godefroy de Bouillon avait
apporté de la Terre-Sainte. Ce joyau inestimable était
renfermé dans une châsse de bois doré, qu'on pro-
menait solennellement à certaines fêtes. Il possédait
deux vertus principales, l'une de faire cesser la sté-
rilité des femmes, et l'autre de procurer du beau
temps. On ne permettait pas à toute personne d'ouvrir
le sacro-saint-tabernacle contenant l'auguste cheveu.
Ceux qui avaient été admis à cette faveur avaient reconnu que c'était tout bonnement un crin de cheval.
La prétendue charte de donation avait été reconnue
fausse par l'archiviste du département, qui avait publié à ce sujet une dissertation dans les annales de la
société d'archéologie. Mais on avait laissé l'antiquaire
s'escrimer tout à son aise. On s'était bien donné de

garde de lui répondre, ce qui aurait amené une polémique dont l'issue n'aurait pas été à l'avantage du clergé.

Au bout d'un an ou deux, le savant mémoire était bel et bien enterré et oublié. Le cheveu continuait sa marche triomphale, était toujours baisé, béni, encensé, invoqué, et exauçait les vœux de ses adorateurs, ni plus ni moins qu'avant qu'il y eut des sociétés archéologiques.

Enfin, pour terminer l'énumération des dévotions attachées à cette église, il y avait dans le cimetière une fontaine dédiée à Saint-Jean-Baptiste, dans laquelle on plongeait les petits enfants malades, pour les faire *aller ou venir;* c'est-à-dire que s'ils doivent être sauvés, ils le seront tout de suite ; sinon ils mourront, on sera débarrassé d'eux, et l'on n'aura pas à continuer en pure perte les frais de médecin et d'apothicaire. L'inspecteur des enfants placés en nourrice avait réclamé contre cet usage qu'il qualifiait de meurtrier; l'immersion dans une fontaine glaciale était dit-il très dangereux pour toutes personnes mais surtout pour des enfants faibles, chétifs. Mais le clergé avait étouffé la réclamation. L'évêque était allé trouver le préfet, avait fait valoir la sainteté d'un usage séculaire, l'efficacité des prières et de l'intercession des saints, et finalement avait présenté comme victorieux cet argument qu'on n'avait jamais cité un seul cas où cette immersion aurait été funeste à un enfant. Le préfet fit semblant d'être satisfait de ces explications dont il ne croyait pas un mot, et les choses en restèrent là.....

Jamais, en effet, on ne constate que l'immersion ait été nuisible; car voici comment les choses se passent. Quand un enfant est malade, au lieu de faire venir un médecin, on va le plonger dans la fontaine. Si le mal se passe, on proclame que c'est à la vertu miraculeuse de la fontaine que l'enfant doit sa guérison. S'il continue à souffrir, s'il tousse, si le mal s'aggrave, on se décide à faire venir le médecin auquel on ne dit mot de l'immersion; le plus souvent, le médecin n'arrive que quand le mal est sans remède. L'enfant meurt. Mais les parents et la nourrice sont persuadés que c'est parce qu'il avait à mourir, et non parce qu'ils l'ont réellement tué par le bain qu'ils lui ont infligé. Leur foi, loin d'en être ébranlée, n'est que mieux affermie. Car le saint n'a-t-il pas pour spécialité de faire *aller ou venir?* Il y a des enfants qu'il fait *aller*; pour celui-là, il l'a fait *venir*. Dans les deux cas, il a tenu ses promesses, on n'a pas de reproches à lui faire.

IX.

Quand Gabriel eut pris connaissance de toutes ces

dévotions, il en fut extrêmement choqué. Il était soumis à toutes les décisions de l'Église qu'il tenait pour infaillible ; mais là où elle n'avait pas prononcé, le chrétien peut examiner librement et n'est pas tenu d'accepter toutes les traditions parmi lesquelles il peut s'en trouver d'erronées. Il lui répugnait de voir le culte dégénérer en une sorte de paganisme. Il admettait bien les prières adressées aux saints, mais il n'aurait pas voulu que le fidèle concentrât ses hommages sur un morceau de bois ou de pierre, considéré comme jouissant d'une vertu à lui propre et en quelque sorte magique. L'immersion des enfants dans la fontaine lui semblait exécrable : qu'on prie St.-Jean, soit ; mais le saint n'exige pas pour accorder sa protection, qu'on fasse un acte qui, selon les lois naturelles, doit amener un danger fort grave et même mortel.

Quant au cheveu, il trouvait ignoble de faire consister la dévotion à la Vierge dans les honneurs rendus à un objet apocryphe et qui, quand même il serait authentique, n'est qu'une matière insignifiante. Le culte vraiment chrétien doit être spirituel ; c'est par la pureté du cœur, par l'élévation des pensées, qu'on peut honorer les saints et surtout la reine des saints. Mais c'est quelque chose d'idolâtrique, que de rendre un culte à la matière, que d'en faire un palladium capable de nous protéger, de nous donner le temps que nous désirons. De telles pratiques ravalent le christianisme au rang des superstitions des peuples les plus grossiers.

Gabriel voulut porter la hache dans ce qu'il regardait comme des abus déplorables, pouvant fournir des armes trop puissantes à l'incrédulité. Mais, avant d'agir, il fallait mûrement réfléchir. Il savait que son prédécesseur avait excité de violents mécontentements quand il avait voulu remplacer la statue de St-Blaise; le vieux simulacre était rongé des vers, le nez et le menton avaient disparu, on n'y distinguait plus les traits humains. L'ancien curé avait essayé de remplacer cette ruine grotesque par une statue élégante, sculptée avec goût. Mais les habitants s'étaient insurgés et avaient menacé de recourir à la force, si on leur enlevait le vieux Blaise, le bon, le vrai Blaise, celui qui fait des miracles et *qui n'est pas au coin du quai.* C'était bien à cette image que leurs prières s'adressaient, et non au saint qui habite le ciel; le ciel est trop loin pour eux; ils ne connaissent que le morceau de bois peinturluré, qu'ils ont toujours vu sur l'autel; c'est lui qui est efficace, quand on lui allume des cierges; c'est bien là l'*idole.*

Notre curé s'enferma plusieurs jours dans son cabinet pour étudier la question. Il lut notamment le traité de l'abbé J.-B. Thiers sur les *superstitions* et sa *dissertation sur la sainte larme de Vendôme*, où il prouve victorieusement la fausseté de cette prétendue larme, versée par Notre-Seigneur à la nouvelle de la mort de Lazare, et aussitôt recueillie par un ange, rapportée de la croisade et conservée par les moines de Vendôme. Il lut aussi la réponse de D. Mabillon et la réplique de Thiers dont la logique serrée égalait la vaste érudition.

Quand il eut bien étudié la matière, il alla trouver l'abbé Boniface, curé-doyen du chef-lieu de canton, qui était son supérieur hiérarchique ; il lui remit un mémoire détaillé où étaient énumérés les usages particuliers à son église, les dévotions usitées ; il y décrivait les simulacres auxquels étaient attachées diverses vertus ; puis il discutait les raisons de rejeter ces coutumes comme superstitieuses. Il le pria de l'examiner à loisir et de lui faire ensuite connaître son avis.

Huit jours après, le doyen invita Gabriel à passer chez lui, afin de causer librement de l'objet du mémoire. C'était un vieillard grave, froid et sec ; il avait une foi robuste et était fortement attaché à toutes les pratiques bigotes.

« Mon jeune confrère, lui dit-il, ce n'est, je vous l'avoue, qu'avec un sentiment pénible que j'ai pris connaissance de votre travail. Vos projets de réforme ont une malheureuse analogie avec ceux de tous les hérésiarques qui ont déchiré l'Église. Arnaud de Bresse, Luther, Calvin, et dans des temps plus récents, des prêtres apostats, tels que Châtel et Ronge, ont commencé par critiquer ce qu'ils appelaient des abus, par jeter le doute sur les pieuses croyances, par attaquer la confiance des populations dans la vertu miraculeuse de certains simulacres consacrés par des traditions séculaires. C'est là une œuvre de démolition et de désorganisation. Je ne saurais trop vous engager à renoncer à cette entreprise téméraire. Je garderai le silence sur la communication que vous m'avez faite. Mais soyez assuré que si Monseigneur en avait connaissance, vous seriez perdu. Il ne vous pardonnerait pas une telle rébellion contre l'autorité, un tel mépris de tout ce qu'il y a de plus respectable. »

Gabriel fut fort étonné de ce langage. Il s'attendait à une discussion sérieuse, à un débat contradictoire; et on lui fermait la bouche par une sorte d'anathème. Il osa demander quelques explications, et il reproduisit en abrégé les principaux moyens exposés dans son mémoire, en ajoutant qu'il était un fils humble et soumis de l'Église, mais qu'il avait cru pouvoir se permettre des observations et émettre des vœux sur ce qui n'était pas de foi, sur ce qui était laissé à la liberté des opinions.

Boniface se recueillit et d'un ton solennel lui fit cette réponse : « Prenez garde, tout se tient dans le Catholicisme. L'Église, dépositaire de la vérité absolue, ne peut errer, n'a jamais erré. Par conséquent, c'est commettre un blasphème, que de soutenir qu'elle a pu errer sur un point quelconque de dogme, de morale ou de culte. Vouloir la réformer, c'est admettre qu'elle s'est trompée, ne serait-ce qu'un jour ; c'est contester son infaillibilité, c'est saper les bases de son autorité.

» On a beau distinguer entre ce qui est fondamental et ce qui est accidentel et accessoire. Si l'on s'écarte d'un usage reçu et accrédité, on jette implicitement le blâme sur ce qui s'est fait jusqu'à ce jour, on reconnaît que l'Église a permis des croyances erronées ou des pratiques superstitieuses, on la déclare coupable, on l'expose au mépris de ses ennemis. Si nous annonçons aux populations, qu'elles ont eu tort d'exercer un certain genre de dévotion, elles se diront qu'elles n'ont agi que sous la direction et l'autorisation de leurs pasteurs, que le clergé a donc fait fausse route. On en concluera qu'il n'est pas infaillible, qu'il ne faut pas s'en rapporter aveuglément à sa parole, que ses assertions ont besoin d'être vérifiées. S'il s'est trompé sur un point, il peut se tromper sur beaucoup d'autres, et dès lors il ne peut plus être tenu pour l'organe de Dieu. Tout sera remis en question, nous tomberons dans le protestantisme qui conduit au scepticisme et au nihilisme.

» Vous me dites que le fidèle peut, de quelque lieu que ce soit, adresser ses prières à Dieu et aux Saints, être écouté d'eux et exaucé. Sans doute, tout cela est exact. Mais l'Église admet aussi que des lieux privilégiés sont, de la part de Dieu et des Saints, l'objet d'une prédilection particulière ; que les fidèles, en s'y rendant et en priant avec foi, sont plus autorisés à espérer les faveurs célestes ; que certains sanctuaires ont été signalés par de nombreuses guérisons, par des miracles de tout genre. Oserez-vous nier les pèlerinages qui de tout temps ont servi à entretenir la ferveur dans les populations chrétiennes? Nierez-vous la vertu des lieux bénits où la protection divine s'est tant de fois manifestée, le Saint-Sépulcre de Jésus, la Grotte de Bethléem, Saint-Jacques de Compostelle en Galice, et les notres-dames de La Salette, de Lourdes, etc.? Gardons-nous donc bien de discréditer ces pieux exercices ; encourageons-les au contraire de toutes nos forces. Votre église a le don d'attirer le concours des bons chrétiens ; il faut vous en féliciter. Plus on fait de pèlerinages, et plus on fait de progrès dans la perfection chrétienne.

» Vos objections de détail sont dérisoires et indignes d'un prêtre. Que vous importe qu'un savant ou soi-disant tel, ait contesté la charte de donation de l'auguste relique que vous avez le bonheur de posséder ? En supposant ses arguments sans réplique, on ne pourrait tout au plus en conclure qu'une chose, c'est qu'à une époque indéterminée, un excès de zèle a poussé quelqu'un a confectionner un titre irrégulier. Eh bien, après ? Nous resterions sans titre. Et qu'en avons-nous besoin ? Est-ce que les innombrables reliques qui forment un de nos trésors les plus précieux, sont étayées de parchemins et de sceaux ? Non, elles ont pour elles l'antiquité de la possession, d'une possession incontestée pendant des siècles, et de plus la foi des populations. C'est là leur véritable titre que rien ne peut ébranler.

» Rappelez-vous ce que dit le P. Mabillon répondant à ce Thiers que vous invoquez et qui n'était qu'un hérétique déguisé. Si l'on rejetait toutes les reliques dénuées de preuves, où en serions-nous ? Mabillon avait raison. L'Église a autorisé le culte des reliques, elle a décerné des honneurs spéciaux à des reliques qui ne sont pas mieux constatées que la vôtre. Ne nous écartons pas de ces sages prescriptions qui, pour nous catholiques, sont des ordres indiscutables.

» Le cheveu de la Vierge a, dites-vous, les apparences d'un crin de cheval. Eh bien, il y a des personnes qui ont les cheveux très-gros. Mais, dites-vous, certaines églises possèdent des cheveux de la Vierge, très-fins et soyeux, de couleurs différentes. Belle objection ! Les cheveux n'ont-ils pas pu être détachés à des âges différents, et ne voit-on pas des personnes avoir des cheveux de diverses couleurs ? Un bon catholique ne doit pas s'arrêter à ces difficul tés mesquines. Bannissons tout ce qui peut altérer la foi ; entretenons avec soin les bonnes traditions qui sont la nourriture de l'âme.

» Votre projet, je ne vous le dissimule pas, est par lui-même une infraction à vos devoirs de prêtre. Je vous rends votre manuscrit, brûlez-le, et hâtez-vous de l'oublier. Maintenez ponctuellement l'observation de tout ce qui s'est pratiqué jusqu'à ce jour. N'ayez pas la présomption de vouloir faire mieux que votre vertueux prédécesseur, et continuez comme lui la chaîne du passé, qui doit se prolonger jusqu'à la consommation des siècles. Ainsi soit-il. »

X.

Gabriel était confondu. Sur le terrain du rationalis-
me, il avait mille fois raison ; mais sur celui de l'orthodoxie catholique, il était battu. Il fit ses excuses au
doyen et promit de se soumettre à ses conseils qui
étaient des ordres pour lui. Il revint chez lui, triste et
pensif. Il se soumettait ; mais il n'était pas le maître
d'imposer silence au cri de sa raison qui protestait
contre des superstitions ineptes et grossières. Il avait
beau se dire que son devoir était d'obéir, sans mur-
murer, et de s'incliner humblement devant la décision
de son supérieur : il n'était pas convaincu ; et, quand
même il aurait récité toutes les formules d'actes de
foi, l'esprit n'y donnait pas son acquiescement. Ses
objections se dressaient, malgré lui, dans sa pensée
et défiaient toutes les décisions ecclésiastiques. Suffit-
il donc qu'une coutume s'établisse, n'importe comment, pour qu'elle devienne inviolable et fasse loi à
toutes les générations futures? On aura beau prouver
invinciblement qu'elle est erronée : elle se maintien-
dra inébranlable et bravera les témoignages des sens
et le cri du bon sens !...

Peu de temps après, une des fêtes de la Vierge amena, comme d'habitude, un flot de pélerins qui, de tous les environs, vinrent implorer le saint cheveu. Gabriel se résigna à remplir sa corvée qui fut pour lui extrèmement répugnante. C'était bien un crin de cheval qu'il tenait dans cette boîte dorée, c'était ce stupide fétiche qu'il faisait baiser aux paysans, comme un talisman ayant la vertu de leur procurer des faveurs. Pour la première fois, son ministère lui devenait à charge; il éprouvait du dégoût en voyant les fidèles se prosterner avec componction devant cet ignoble bibelot et lui rendre un culte qui en réalité ne différait pas de l'adoration. Il était honteux de se rendre l'agent, le provocateur d'une idolâtrie aussi abjecte; sa conscience lui reprochait d'être le complice d'un vil charlatanisme. Il était humilié des dons que lui rapportaient les évangiles qu'il était obligé de réciter sur la tête de tous les pélerins. Et, bien que cet argent fut par lui destiné au soulagement des malheureux, il trouva que ce monceau de gros sous lui souillait les mains et que la sainteté de l'emploi ne pouvait en effacer l'origine impure.

Une réflexion en entraîne une autre. Il se dit que quand même il posséderait un vrai cheveu de la Vierge, parfaitement authentique, ce ne serait pas un motif pour décerner un culte à cette relique. C'est par les sentiments du cœur qu'on se met en relation avec les personnes qu'on aime et qu'on vénère. Mais ce serait une niaiserie ridicule que d'attacher du prix aux objets matériels qui viennent d'elles. Qu'importerait de posséder un cheveu d'Homère, une rognure d'ongle de Platon? Ces vétilles ne nous apprennent rien sur ces grands hommes. Ce qui est digne de respect, c'est leur génie, ce sont les écrits immortels par lesquels ils ont éclairé le monde..... Passe encore si les objets conservés étaient des instruments de leurs travaux. On conserve les armes de François Ier et de plusieurs autres guerriers ; on admettrait volontiers dans un musée de curiosités historiques, la plume de Bossuet, la Bible annotée de sa main ; on y trouverait des souvenirs de sa haute intelligence. Mais le catholicisme a choisi, comme à plaisir, les choses les plus triviales, qui rappellent d'une manière malséante, que les personnages qu'elle vénère, ont payé leur tribut à la nature humaine et même, on peut dire, à la nature bestiale. C'est le nombril de Jésus-Christ, c'est son prépuce que se disputent sept ou huit sanctuaires, ce sont ses langes maculés, c'est le peigne de la Vierge, c'est sa chemise qu'elle a portée neuf mois (et qui doit être dans un bel état), c'est son soulier, ses cheveux.

En un mot, en prenant ces ordures pour les enchâsser et les offrir à la piété des fidèles, on s'évertue à dépouiller Jésus et la Vierge de leur prestige divin, on les dégrade, on attire l'attention sur les fonctions animales qu'ils ont remplies; on délaisse leurs vertus éminentes, leur rôle sublime, pour ne s'attacher qu'à leurs immondices. On se place au niveau des Thibétais qui, dans leur passion pour les reliques du Grand Lama, dieu vivant et visible, honorent jusqu'à ses résidus les plus grossiers.

Gabriel, plongé dans ses réflexions, s'aperçut que le doyen avait eu raison en lui déclarant que tout se tient dans le catholicisme; qu'on ne peut rompre un seul anneau de la chaine sans s'exposer à tout briser. Il n'avait encore porté sa critique que sur des pratiques qu'il avait regardées comme très-secondaires, puisqu'elles n'étaient pas consacrées par l'autorité de l'Église. Mais, une fois ce premier pas fait, il se trouvait qu'il n'était déjà plus le même. Il blâmait, il méprisait certains rites qui, bien que n'ayant pas reçu une consécration officielle, n'en étaient pas moins recommandés par la tradition et conformes à un usage universel; il était entraîné à admettre que l'Église avait toléré et même encouragé le mal, qu'elle n'était donc pas parfaite, qu'elle avait erré sur certains points, qu'elle avait besoin d'être corrigée, ramenée au vrai. Sans oser encore se l'avouer à lui-même, il élevait sa raison individuelle au-dessus de la raison de l'Église, il *protestait*. C'est là le caractère de l'hérésie. Si l'Église s'est trompée sur un point, ne peut-il se faire qu'elle ait erré sur d'autres; et où s'arrêtera-t-on dans la critique de sa conduite ? Faudra-t-il étendre le droit d'examen sur tout ce qu'elle a enseigné ? Que devient alors le principe d'autorité qui est la base du catholicisme?... Il faut se soumettre aveuglément, sans même chercher à comprendre, il faut étouffer la voix de l'orgueilleuse raison et n'écouter que les organes infaillibles les pasteurs dépositaires de la parole de Dieu : s'écarter de cette règle, si peu que ce soit, c'est rejeter l'autorité divine, c'est laisser le champ libre à toutes les erreurs que peut enfanter l'esprit humain, abandonné à lui-même ; c'est déchirer la robe sans couture de Jésus-Christ, symbole de l'unité.

Il faisait tous ses efforts pour se persuader qu'il n'était pas coupable d'un tel attentat et pour s'affermir invariablement dans la foi. Il ne se permettait pas de jeter un regard scrutateur sur les dogmes sacrés, sur tout ce qui constitue le culte déterminé par le rituel. Mais il éprouvait une vague terreur à la pensée qu'un tel examen pourrait peut-être ébranler la certitude dans laquelle il avait été élevé et entretenu. Il rejetait les doutes qui de temps en temps s'insinuaient dans son esprit, comme une avant-garde qui cherche à explorer le terrain, avant que le corps d'armée fasse le siége de la place.

Sa répugnance à obéir sur quelques points à ses supérieurs, faisait déjà de lui un insurgé en herbe. Il espérait ne pas dépasser cette position dont il pressentait les dangers.

XI.

On était au mois de Février 1871. Le diocèse avait échappé à l'invasion ; mais toutes les populations étaient vivement émues des malheurs de la France. On apprit la capitulation de Paris, les préliminaires de la paix et la convocations des colléges électoraux pour nommer des représentants à l'Assemblée nationale, chargée de traiter avec l'ennemi. Les partis entrèrent en lutte. D'un côté, les démocrates faisaient tous leurs efforts pour que la forme républicaine décrétée provisoirement par le gouvernement de la défense nationale, fut adoptée définitivement ; c'était le moyen de faire prévaloir les principes de la révolution de 89, d'inaugurer le règne de la liberté, de l'égalité, de la fraternité. Leur programme comprenait l'instruction gratuite, obligatoire et laïque, le service militaire obligatoire, la séparation du spirituel et du temporel. D'un autre côté, les partis monarchiques, bien que divisés entre eux, étaient coalisés contre l'ennemi commun, contre la République. Ils cherchaient surtout à effrayer les habitants sur les intentions belliqueuses des républicains qu'ils dépeignaient comme disposés à continuer la guerre à outrance, à exiger du pays des sacrifices inouïs, à prolonger une lutte désespérée, qui n'aurait abouti qu'à la ruine générale et au démembrement de la France. Ils se donnaient comme étant seuls en état d'obtenir la paix. Ils étaient prêts à la faire à tout prix. Toute autre considération disaient-ils, doit s'effacer devant ce besoin impérieux de la paix.

Le clergé ne resta pas inactif. Profitant de son habile organisation, de la discipline à laquelle étaient soumis les ecclésiastiques, il marchait avec ensemble et pouvait disposer d'une force considérable. L'évêque avait sous ses ordres un régiment dressé à la manœuvre, qui lui assurait un grand nombre de voix ; au moyen de cet appoint, il était en état de traiter avec les partis qui étaient en présence. Dans un conseil secret, composé des notabilités, ses délégués s'entendirent avec les principaux représentants des trois dynasties légitimiste, orléaniste et bonapartiste ; on se fit des concessions réciproques, on se partagea les places à donner, et l'on arrêta en commun la liste qu'on a appelée des *amis de l'ordre*. Sur sept représentants que devait nommer le département, l'évêque en obtint deux ; moyennant leur admission, il s'engagea à mettre toute son influence au profit de la liste entière, sur laquelle étaient inscrits deux légitimistes, deux orléanistes et un bonapartiste.

Dès que le plan fut arrêté, l'évêque fit une circulaire secrète à tous les ecclésiastiques ; il leur dépeignait la nécessité d'assurer la défense des intérêts de la religion, de garantir l'ordre social, menacé par la faction démagogique, de sauvegarder la famille et la propriété. Sans signifier d'ordre formel, il les engageait chaleureusement à accepter la liste recommandée, à la patronner, à agir auprès de leurs paroissiens, à user de tous les moyens à leur disposition. Sur ce dernier point, il n'entrait dans aucun détail. Mais il était bien sous-entendu que, dans la pensée de leur chef, ils ne devaient pas se borner à des visites individuelles à leurs paroissiens, qu'il fallait déployer la plus grande activité.

Les curés rivalisèrent de zèle. La plupart montèrent en chaire, et au lieu de sermons, firent des harangues politiques, dans lesquelles ils imposèrent comme un devoir aux fidèles de suivre de point en point la liste des amis de l'ordre. «C'est, disaient-ils, un cas de conscience. Comme chrétiens, vous êtes tenus de défendre la religion. Voter pour des républicains c'est pactiser avec Satan ; les républicains sont des ennemis de la société, de la morale et de la religion, ils ne veulent que le bouleversement et l'anarchie, ils rêvent le partage des biens, le débordement de tous les crimes. Tous ceux qui marcheront avec eux, encourront la damnation éternelle. » Quelques curés allèrent plus loin, discutèrent les titres des candidats, firent un éloge pompeux des candidats monarchiques et accumulèrent contre les républicains les accusations les plus outrageantes. Ils eurent recours à un moyen de séduction plus efficace. C'est surtout par le confessionnal qu'ils firent la propagande la plus active. Le confesseur interrogeait avant tout ses pénitents sur leurs opinions politiques et leur déclarait formellement que leur vote était dû à la bonne cause, à la cause de Dieu. Ils ne se contentèrent pas de faire aux hommes ces recommandations : il fallait que les femmes elles-mêmes entrassent dans la sainte ligue. Le confesseur questionnait chacune d'elles sur ce que disait son mari, sur ses fréquentations, ses lectures, sur les journaux qu'il recevait, sur ses dispositions. On enjoignait à la pénitente d'exiger la promesse de bien voter ; c'était une condition sans laquelle elle ne pourrait recevoir l'absolution.

Gabriel, en recevant la circulaire épiscopale, n'éprouva aucune hésitation. La politique était hors de la compétence ecclésiastique : comme prêtre, il devait obéissance à son évêque pour tout ce qui regardait son ministère ; mais, comme citoyen, il ne relevait que de sa conscience. Il se décida à s'éclairer par lui-même, sans avoir aucun égard à la liste qu'on voulait lui imposer. Il s'était fort peu occupé de politique, il ne lisait aucun journal ; mais la notoriété l'avait mis à même d'apprécier les candidats. Les deux personnages inscrits à la demande de l'évêque, étaient deux hobereaux vivant dans leurs châteaux et connus par leur ardente piété ; leurs fils servaient dans les zouaves pontificaux ; leurs filles étaient entrées au couvent ; c'étaient, du reste, des gens d'honneur, très-charitables, très-affables. Gabriel les accepta sans difficulté. Les cinq autres candidats portés sur la liste, étaient des intrigants compromis dans des affaires ténébreuses de bourse ; le bonapartiste surtout était un roué , un homme d'une immoralité cynique. Gabriel les élagua sans scrupule. Il les remplaça par cinq républicains qui avaient rempli d'une manière distinguée les fonctions de maires , de conseillers généraux, de membres de tribunaux de commerce , et qui jouissaient de l'estime générale.

Quand il eut ainsi rédigé son bulletin, il se proposa de n'en parler à personne et de ne faire aucune démarche. Ni en chaire ni au confessionnal , il ne dit un seul mot des élections. Quelques-uns de ses paroissiens lui ayant parlé des événements du jour, il laissa tomber la conversation et évita de se prononcer sur le choix des candidats. Cependant, deux ou trois personnes avec lesquelles il avait des relations plus familières , vinrent lui demander conseil et le prièrent de guider leur inexpérience. Alors il leur communiqua sa liste et leur exposa les motifs de son adoption. Mais, pour les mettre à même de se prononcer en connaissance de cause , il crut devoir leur faire voir les deux listes rivales, celle des amis de l'ordre et celle des républicains. Il les engagea à réfléchir et à ne choisir qu'après mûr examen. Ces personnes furent charmées de cette prudence qui faisait un étrange contraste avec le zèle exubérant de ses confrères.

La liste républicaine passa tout entière. Le clergé était furieux d'un échec auquel il était loin de s'attendre. Le grand-vicaire fit prendre des renseignements sur la conduite qu'avaient tenue les ecclésiastiques. Plusieurs curés, qui avaient toute sa confiance, étaient chargés d'une espèce de police secrète; ils avaient des agents qui leur faisaient des rapports; beaucoup de prêtres s'espionnaient réciproquement. La chancellerie épiscopale recevait ainsi une masse de notes et d'informations et était au courant de tout ce que disaient et faisaient les ecclésiastiques. Tous connaissaient l'existence de ce bureau de renseignements qui était pour eux un épouvantail permanent. La crainte des dénonciations les tient toujours sur la réserve; ils se défient de tout le monde et n'osent s'épancher librement, de peur qu'une parole transmise par leur interlocuteur ne devienne un chef d'accusation.

Gabriel, dont la conscience était parfaitement nette, n'était guère préoccupé de cette juridiction. Il reçut une lettre de l'évêché, par laquelle il était mandé pour donner des explications sur les faits qui lui seraient communiqués. Il ne se doutait pas de ce qu'on avait à lui demander; et ce fut sans inquiétude qu'il se dirigea, quelques jours après, vers le palais épiscopal.

XII.

L'évêque est un haut potentat qui ne se prodigue pas. Il a une cour, des conseillers auxquels il délégue une partie de ses pouvoirs. La plèbe ecclésiastique n'est pas facilement admise à l'honneur de l'approcher. Gabriel ayant déclaré à l'un des valets de chambre, qu'il était appelé auprès de Monseigneur, on lui répondit que Sa Grandeur n'était pas visible, et on l'adressa à l'un des grands vicaires chargés des affaires administratives. Mais ce dignitaire étant pour le moment occupé de travaux urgents, ne pouvait donner audience et s'était fait représenter par le secrétaire-général de l'évêché. Gabriel fit antichambre pendant une heure ; il se trouva au milieu de curés de campagne et de vicaires, avec lesquels il fit conversation. Il apprit que le délégué qui tenait la place de l'évêque, était l'abbé Legrand, son prédécesseur au vicariat de Saint-Lucien. Cette nouvelle lui causa une pénible surprise. Quoi ! Ce prêtre corrompu, dont la culpabilité était pour lui certaine, puisqu'il avait eu en mains les pièces de conviction, ce misérable tartuffe était élevé dans la hiérarchie, occupait auprès de l'évêque un poste de confiance ! Et c'est devant lui que Gabriel va comparaître comme accusé. L'indulgence pour un tel hommé , après un horrible scandale , avait déjà été déplorable : mais comment expliquer la faveur dont il jouit ? C'est que Legrand avait du savoir-faire, il était souple , insinuant , il étalait un zèle bruyant , il flattait les puissants. Le désagrément qu'il avait subi, était une leçon , non de se mieux conduire , mais de mieux prendre ses précautions. Il était parvenu à s'insinuer peu à peu dans l'esprit du prélat qui ne voyait plus que par ses yeux et qui le destinait aux plus hauts emplois. Il joignait à son office de secrétaire celui de directeur d'un couvent de religieuses. Quelques frondeurs, à propos de cette nomination, avaient rappelé son esclandre et demandé ironiquement s'il offrait de solides garanties pour donner aux nonnes des leçons de chasteté. Mais le parti dévot a pour consigne et pour tactique de glorifier tout ce que fait le clergé, de vanter tous ses membres comme des héros et des saints. L'abbé Legrand , du moment qu'il était honoré des bonnes grâces de Monseigneur, ne pouvait manquer de posséder toutes les vertus. On chanta ses louanges sur tous les tons, et l'on traita de calomnieux les mauvais bruits répandus sur son compte.

C'est devant cet important personnage , que comparut notre desservant. L'abbé Legrand , depuis qu'il prenait part au gouvernement du diocèse, était devenu hautain et affectait une morgue de grand seigneur. Il salua d'un petit geste Gabriel et lui fit signe de s'asseoir. Il feuilleta un dossier volumineux, puis, prenant un ton rogue et sévère :

« Monsieur le curé, lui dit-il, nous avons à nous plaindre de vous. Votre conduite dans les dernières élections a été très-répréhensible. Vous ne vous êtes pas conformé aux instructions de Monseigneur, qui auraient dû vous servir de loi. Vous n'avez rien fait pour appuyer la candidature des amis de la religion. Bien plus, vous avez recommandé à plusieurs de vos paroissiens des hommes impies, des ennemis de la société, parmi lesquels il y a un franc-maçon et un libre-penseur bien connu par ses pamphlets révolutionnaires. Vous vous êtes fait par là, l'allié et l'auxiliaire du parti démagogique. Qu'avez-vous à répondre?»

Gabriel ne s'attendait pas à ce genre d'accusation. «Monsieur, répondit-il, je dois obéissance à Monseigneur en tout ce qui concerne mon ministère. Mais, dans l'exercice de mes droits de citoyen, je ne lui reconnais aucune juridiction. J'ai regardé sa circulaire comme une simple invitation qui ne m'enlevait en rien ma liberté d'action. Je ne pense pas que le clergé soit chargé de diriger la politique, d'influencer les élections. Et même il ne peut que se compromettre en se mêlant aux luttes politiques, parce qu'alors il rend sa cause solidaire de celle d'un parti dont il s'expose à partager les vicissitudes. C'est ainsi qu'après la révolution de 1830, la chute de Charles X porta un coup funeste au clergé qui s'était associé à sa politique. Dans l'intérêt de la religion, il vaut beaucoup mieux que nous gardions une sage neutralité, que nous n'usions de notre influence que pour moraliser les populations, que nous nous adressions à tous les hommes, sans distinction de parti. Si nous nous allions aux légitimistes, non-seulement nous nous faisons des ennemis de tous ceux qui repoussent leurs idées, mais encore nous les éloignons de l'Église, dans laquelle ils verront un adversaire implacable et irréconciliable. La vraie religion est de tous les temps et de tous les lieux, elle s'applique à toutes les institutions, à toutes les formes de gouvernement; et c'est pour cela qu'elle s'appelle catholique, c'est-à-dire universelle. C'est l'abaisser, que de la mettre au service d'une faction ou d'une secte particulière. »

— « Voilà, reprit le secrétaire, un étrange langage pour un prêtre. On dirait que vous avez fréquenté les clubs. Prétendez-vous être plus sage que votre évêque, que tous les évêques de France, que Notre Saint-Père le Pape? Il y aurait là une folle et criminelle présomption. Eh bien , sachez donc, Monsieur, que ce n'est pas à la légère que le clergé intervient dans les élections. Il suit les maximes traditionnelles de l'Église. Il a pour mission d'indiquer aux populations leur règle de conduite, de les préserver des erreurs funestes qui ont déjà causé tant de calamités. Il manquerait à ses devoirs s'il ne leur rappelait pas quels sont les principes conservateurs de l'ordre social. On ne peut circonscrire le cercle dans lequel s'exercera l'influence religieuse. Aucune action n'est indifférente, aucune n'échappe à la loi morale. C'est donc aux représentants de Dieu à guider les fidèles sur la voie à prendre. C'est ce que la plupart de vos confrères ont compris en s'associant aux efforts de leur évêque qui a qualité pour les diriger. Par votre refus d'entrer dans ses vues et par votre concours donné à la révolution, vous avez commis une grave infraction , et Mgr a vu votre conduite avec indignation. »

— « Monsieur, je n'accepte pas cette condamnation. Je persiste à croire que n'ayant violé aucun précepte ecclésiastique , n'ayant fait qu'user de mon droit de citoyen , je n'ai encouru aucun blâme. »

— « Avant d'être citoyen, vous êtes chrétien, vous êtes prêtre. Votre patrie, c'est l'Église. C'est à elle que vous vous devez tout entier. L'Église à reçu de

Jésus-Christ une juridiction universelle ; et ce serait s'insurger contre son autorité divine, que de lui soustraire la compétence sur une branche quelconque de l'activité humaine..... Par le confessionnal, le prêtre peut tout embrasser, il faut que rien ne lui échappe. »

— « J'avais pensé, dit Gabriel, que le confesseur ne devait s'occuper que d'entendre l'aveu des péchés et de prononcer l'absolution. »

Le secrétaire-instructeur, en entendant cet aveu naïf, haussa les épaules. Mais il se contint et reprit son interrogatoire.

— « Ce n'est pas tout. Nous avons encore d'autres griefs relevés contre vous. On a fait dans toutes les églises des quêtes pour le denier de Saint-Pierre. Tous les curés ont déployé le zèle le plus louable, pour cette œuvre si éminemment sainte. Vous n'avez apporté pour contingent que la somme dérisoire de 3 francs 75 centimes. Il est évident que vous n'avez rien fait pour rendre la quête fructueuse. On serait tenté de croire que, loin de stimuler la générosité des fidèles, vous les avez plutôt détournés de participer au bien. »

— « J'ai fait ce qu'on m'a prescrit, répondit Gabriel. J'ai lu en chaire la lettre pastorale. Mais je me suis borné là. Je n'ai rien fait, ni pour engager les fidèles à donner, ni pour les en dissuader. J'ai pensé que le

Saint-Père ne manquait de rien, avait même plus de richesses qu'il n'est nécessaire pour le successeur des apôtres. Je me serais fait scrupule de pressurer de pauvres gens, de leur extorquer les maigres ressources destinées à pourvoir aux besoins de leur famille. Mes paroissiens sont presque tous dans la gêne, ils ont eu une mauvaise récolte, la plupart de leurs bestiaux ont été enlevés par une maladie contagieuse. Il y aurait eu de l'inhumanité à leur demander de se dépouiller pour enrichir le Pape. »

L'abbé Legrand fronça le sourcil, lança à l'accusé un regard courroucé. « Vous devez savoir, lui dit-il, que le premier pauvre c'est l'Église dont les besoins sont sans cesse renaissants, qu'il n'y a pas de meilleure œuvre que de donner à Dieu. Plus celui qui donne est pauvre, plus son offrande est méritoire. Jésus-Christ n'a-t-il pas fait l'éloge de la pauvre veuve qui verse une obole dans le tronc du temple ? Il n'a pas demandé qu'on lui restituât son don qui a été pour elle un moyen de sanctification..... Votre commune n'est pas riche ; mais avec de la bonne volonté, il serait possible d'en tirer quelque chose. La preuve, c'est que votre prédécesseur versait chaque année 5 à 600 francs. Un homme habile ne reste jamais court. Votre tiédeur, votre indifférence et vos moyens de justification dénotent un esprit d'insubordination. Vos arguments semblent empruntés aux pamphlets libéraux et protestants.....

» Passons à un troisième article. Vous avez le bonheur de posséder une fontaine miraculeuse. C'est un trésor vénéré. Vous avez cherché à la discréditer. Un de vos paroissiens vous ayant consulté relativement à son petit enfant malade, vous lui avez conseillé de faire venir un médecin, plutôt que de plonger l'enfant dans la fontaine. »

— « C'est vrai. Je suis d'avis que nous devons employer pour nous guérir, les moyens que Dieu met à notre disposition. Plonger un enfant dans l'eau glaciale, c'est risquer de le faire périr. Nous ne pouvons compter que Dieu fera à notre commandement, un miracle pour réparer la faute que nous commettons sciemment. C'est ce que l'Église appelle *tenter Dieu*, et c'est ce qu'elle condamne. »

— « L'église enseigne qu'il vaut mieux recourir à Dieu qu'aux hommes, et que la foi et la prière sont toutes-puissantes. Vous deviez respecter une pieuse coutume, consacrée par les siècles, corroborée par le témoignage de savants théologiens et par les nombreuses guérisons qui ont fait le renom de cette fontaine. Dans de telles conditions, ce n'est plus tenter Dieu, que de se conformer à un usage autorisé par l'Église. Combattre cet usage, c'est faire cause commune avec les incrédules qui ont publié à ce sujet d'ignobles libelles et ont adressé aux magistrats, des plaintes demeurées heureusement sans effet. Le langage que vous avez tenu au père de famille qui vous consultait, a été répété et a produit le plus mauvais effet. On s'est demandé si vous étiez catholique ou huguenot. Car, vous le savez, ce que font d'abord les prétendus réformateurs, c'est de briser les images, de détruire les reliques, de proscrire le culte des Saints.... Si vous n'avez pas d'autres explications à me donner, vous pouvez vous retirer. Je rendrai compte à Mgr de votre interrogatoire. Je crains que vous n'ayez à subir un jugement sévère. »

Il congédia lestement le pauvre curé qui se retira confondu. Il avait des ennemis qui l'avaient épié et dénoncé ; mais il était persuadé que leurs manœuvres n'auraient pas abouti sans la circonstance des élections. Son grand crime était de n'avoir pas voulu être un agent électoral. « La religion, se dit-il, n'est donc qu'un prétexte ; on veut faire du catholicisme un parti politique ; le but réel, c'est la domination du clergé. Et c'est un abbé Legrand qui ose me faire la leçon ; c'est lui qui est l'interprète de la parole de

Dieu. Il m'accuse, il me condamne, moi qui n'ai dévié en rien de mes devoirs de prêtre.

Il fit là-dessus de tristes réflexions; ses illusions s'évanouissaient graduellement ; son évêque voulant se servir de la confession comme d'un instrument électoral, et se faisant représenter par un homme sans foi et sans principe, lui paraissait bien rapetissé. Pour ne pas défaillir, il avait besoin d'appeler à son secours toutes les impressions de son éducation catholique, tout l'arsenal de ses arguments théologiques. Il se consolait en pensant qu'après tout, l'Église, quoique divine, pouvait être accidentellement représentée par de mauvais ministres, sans perdre de sa sainteté. Mais, de temps en temps, des doutes voltigeaient dans son esprit. Il se demandait si dans les autres diocèses on suivait les mêmes inspirations que celles dont l'abbé Legrand s'était fait l'organe ; tout ce qu'il apercevait au dehors, lui montrait que c'était un système général. Ce qui dominait, c'était l'esprit jésuitique et théocratique. La religion était un moyen d'asservir les populations; et le clergé, pour les maintenir sous son obéissance, conservait les superstitions les plus grossières, les fables les plus ridicules, les usages les plus pernicieux, tels que l'immersion des enfants dans les fontaines prétendues miraculeuses.

Il aurait voulu s'épancher dans le cœur d'un ami, d'un vrai croyant, mais où le trouver ? Peut-être en avait-il trop dit au doyen qui l'avait sérieusement réprimandé. Les confrères auxquels il serait tenté de confier sa perplexité, seraient autant d'accusateurs... Il se voyait isolé. Il perdait toute confiance dans le corps dont il faisait partie, et il ne lui accordait qu'une estime médiocre. Était-il encore bien orthodoxe ?...

XIII.

Il y a, dans la paroisse de la Tribouillère, un château entouré d'un beau domaine, appartenant à la comtesse de Villeneuve. Cette dame fort âgée en était absente depuis deux ans. Elle y revint au commencement de l'été de 1871. Et comme sa santé était altérée, elle avait l'intention de s'y fixer. Elle avait un train de maison considérable ; sa fortune était d'environ 200,000 francs de rente. Aussi était-ce un événement pour la contrée, que l'arrivée de l'opulente châtelaine. Elle était veuve sans enfants ; ses neveux et nièces venaient souvent auprès d'elle et la choyaient avec une tendresse à laquelle pouvait se mêler, au moins chez quelques-uns, la convoitise de son splendide héritage. Elle était d'une dévotion minutieuse, passait la plus grande partie de sa journée en pratiques multipliées ;

elle portait plusieurs chapelets, des scapulaires, un grand nombre de médailles, et ne négligeait aucune des innombrables observances auxquelles sont attachées les indulgences ; elle en accumulait une si grande quantité, qu'elle devait être en état de délivrer du purgatoire, non-seulement sa propre âme, mais encore celle de ses parents jusqu'au 12ᵐᵉ degré. A part sa bigoterie, elle était d'un caractère excellent, elle aimait à rendre service à tous ceux qui l'entouraient, et elle répandait d'abondantes aumônes.

Dès le lendemain de son arrivée, elle se fit transporter en carosse au presbytère. Elle fit visite au curé et l'invita á dîner au château. Elle lui offrit gracieusement des objets précieux qu'elle rapportait de ses voyages : c'étaient un chapelet béni par le pape, un morceau authentique du bois de la vraie croix, une chaîne ayant touché les fers dont Saint Pierre a jadis été enchaîné, comme l'atteste le certificat de l'abbé de Saint-Pierre *in vinculis*; de la terre extraite de la grotte de Bethléem; et plusieurs autres bibelots non moins propres à sanctifier ceux qui les possèdent.

Elle avait été la pénitente du précédent curé, et elle pria Gabriel de vouloir bien être le directeur de sa conscience et de celle de tous les gens de sa maison. Gabriel accepta son invitation. Il vint dîner chez elle;

il eut pour convives plusieurs neveux et nièces de la comtesse. C'étaient des personnes de bonne compagnie, dont l'entretien avait beaucoup de charme. Il fut heureux de trouver là une société agréable qui pourrait le dédommager de l'isolement auquel il s'était trouvé condamné.

Au sortir de table, on parcourut le parc et les jardins qui étaient tenus avec beaucoup de soin et offraient des promenades délicieuses. La comtesse prit en particulier son curé et lui exposa de suite quels services elle attendait de lui. Elle avait, dans les dépendances du château, une petite chapelle où, d'après des titres anciens, le curé de la paroisse était tenu de dire une messe basse chaque semaine. C'était le lundi qui lui convenait le mieux. Elle demanda que Gabriel vînt chaque lundi y dire la messe ; il viendrait de bonne heure, pour qu'elle pût se confesser auparavant et communier à la messe, ce qu'elle avait l'habitude de faire au moins une fois par semaine. Il profiterait de l'occasion pour confesser les personnes de sa maison, qui toutes approchaient régulièrement des sacrements ; de sorte que sa journée serait remplie en grande partie. Le curé, d'après le titre, n'avait droit pour sa messe, qu'à une rente de 52 francs. Mais elle trouva cette somme insuffisante, et elle proposa dé lui allouer 500 francs par an.

Gabriel accepta ces propositions et devint ainsi le chapelain de la maison. Il fut de plus l'ami et le confident de la comtesse et de tous les habitants du château. On ne faisait rien sans le consulter. On avait pour lui autant d'affection que de déférence.

Dans ces occupations il oublia pour quelque temps les désagréments que lui avaient fait éprouver ses supérieurs, et les doutes cruels que leur conduite avait fait naître dans son esprit. Il retrouva le calme, la sérénité. Sa piété se ranima. Il se croyait à l'abri des orages. Ce fut précisément de ces nouvelles relations que sortirent les rudes épreuves qui vinrent l'assaillir.

Mme Brindeau était une des nièces de Mme de Villeneuve. Elle avait été mariée fort jeune à un officier de hussards, qui passait pour très-riche, mais qui était joueur, débauché et criblé de dettes. En peu d'années, il s'était livré à un luxe effréné, avait entretenu des danseuses, avait cherché en vain à combler par le jeu le déficit de sa fortune, et finalement il avait dissipé son patrimoine et celui de sa femme. Celle-ci, ayant en outre à se plaindre de ses mauvais procédés, fut réduite à demander sa séparation de corps et de biens. N'ayant plus de ressources, ayant depuis longtemps perdu ses père et mère, elle s'était réfugiée chez sa tante qui lui servait de mère.

C'était une brune au tempérament sanguin ; ses yeux noirs lançaient des éclairs. Ses traits étaient peu réguliers, mais l'ensemble de sa physionomie ne manquait pas de charme. Condamnée à une sorte de veuvage anticipé, par un jugement de séparation de corps, elle était cependant liée par un mariage qui n'avait été pour elle qu'une source de chagrins et qui n'en était pas moins indissoluble. La loi française fait à la femme une position intolérable : la femme est privée des joies du mariage, et cependant elle en subit le joug tyrannique. Elle porte le nom d'un homme qui est devenu étranger pour elle ; elle est soumise à son autorité, puisqu'elle ne peut, sans sa permission, disposer de sa fortune ni conduire ses affaires. Son mari nominal peut impunément se livrer au plaisir, former des liens illégitimes, se faire une famille morganatique. La femme ne peut user de représailles : non-seulement l'opinion publique le lui interdit, et se montrerait impitoyable dans le cas d'une infraction aux bienséances ; mais aussi la loi continue de protéger ce qu'on appelle l'honneur du mari ; et si la femme a le malheur de commettre un faux pas, elle s'expose à être condamnée et flétrie comme adultère.

Mme Brindeau avait le cœur tendre et n'était pas insensible à l'amour. Mais elle était dévote, comme tous les membres de sa famille. Elle s'était plusieurs fois aventurée sur les confins du péché, elle avait été retenue tant par ses scrupules de conscience que par la crainte d'un éclat déshonorant. Elle vint se confesser à Gabriel.

Ce fut pour la première fois que celui-ci eut, à proprement parler, à confesssr une femme. Il avait confessé une foule de paysannes qui à tour de rôle étaient venues lui débiter machinalement, comme un formulaire, la litanie de leurs péchés, toujours les mêmes. En procédant à cette corvée fastidieuse, il n'avait éprouvé qu'un pesant ennui contre lequel il s'aguerrissait par le sentiment du devoir. Mais aujourd'hui, pour la première fois, il allait avoir à mettre à nu une conscience de femme, à envisager ces épineuses questions de voluptés sensuelles, qui, au séminaire, lui avaient paru si redoutables.

La pénitente lui avoua qu'elle aimait passionnément un jeune homme qui lui faisait la cour ; ils avaient des rendez-vous dans lesquels leurs cœurs s'unissaient. Le confesseur dut alors questionner sur ce qui s'y passait. Mme Brindeau hésita, rougit, balbutia ; elle n'avait pas cédé tout-à-fait, mais il s'en était bien peu fallu ; il y avait eu des baisers brûlants, des caresses lascives, des égarements voluptueux ; l'ennemi était entré jusque sur les remparts de la place qui cependant n'avait pas été prise. La pauvre femme fut obligée, à sa grande honte, de décrire les privautés qu'elle avait permises, de détailler toutes les circonstances de ces escarmouches qui s'étaient plusieurs fois renouvelées. En racontant ces scènes, elle était haletante, ses yeux étaient flamboyants.

Gabriel éprouva comme une soudaine révélation. Ses sens endormis jusque-là, se réveillèrent avec impétuosité ; il vit par la pensée les luttes de l'amour et du devoir, il se supposa à la place de l'amant, il contempla avec ivresse cette femme qui répandait autour d'elle une atmosphère amoureuse. Il se troubla, ne put faire entendre que des paroles inintelligibles. Il ne savait plus où il en était. Le sang lui affluait au cerveau, il avait la tête lourde, les yeux voilés comme d'un nuage.

Enfin il chercha à se remettre de son trouble. « Il faut résister, dit-il, à la tentation, prier la sainte Vierge, éviter les occasions. Vous ne devez plus recevoir cet homme, puisqu'il ne peut vous épouser. Bannissez de votre cœur un amour coupable. »

— Je le voudrais, lui répondit-elle ; mais cet impossible. Cet amour me dévore ; cet amour, c'est ma vie... Ah ! Vous êtes bien heureux, vous, d'être insensible. »

Gabriel tâcha de prendre un ton sévère, lui déclara qu'il ne pouvait lui donner l'absolution, si elle ne promettait de renoncer à cette liaison. La femme, au lieu de répondre nettement à l'interpellation, récita la formule d'acte de bon propos, telle qu'elle est dans la *Journée du Chrétien*. Il voulut bien s'en contenter et donna l'absolution.

XIV.

Rentré chez lui, il était tout bouleversé. Ce n'était pas qu'il fut amoureux de Mme Brindeau, mais il l'était de la femme en général. L'appétit sexuel se faisait sentir. Il venait de comprendre ou au moins d'entrevoir ce que c'est que l'amour. Cette région mystérieuse lui était interdite par ses vœux. Il n'avait pas même porté sa pensée sur le fruit défendu. Mais maintenant cette proie lui apparaissait, pleine d'enchantements, de séductions inexprimables. C'était la soif de Tantale, soif ardente, qui devait rester inassouvie. C'était là le sort auquel il s'était condamné en entrant dans les ordres sacrés.

Le soir, il se mit à réciter son bréviaire ; mais il

prononçait les paroles sans y attacher aucun sens ; son esprit errait de tous côtés ; son imagination lui présentait des fantômes qui tournoyaient autour de lui et s'évanouissaient dans l'espace. Il se jeta aux pieds de la statue de la Vierge, devant laquelle il avait l'habitude de faire ses prières ; mais le visage de plâtre lui parut transfiguré ; c'était une femme souriante, qui l'attirait à elle et dont les regards étaient provoquants ; la Vierge immaculée devenait une Armide.

La nuit, il ne put trouver qu'un sommeil agité ; il avait la fièvre ; dès qu'il s'endormait, il voyait en songe un essaim de houris demi-nues, dont les formes ravissantes lui inspiraient des désirs effrénés. Il se levait, en proie au délire, obsédé par les tentations ; il se frappait la poitrine, priait, fondait en larmes. A peine recouché, les mêmes images le poursuivaient, il se voyait enlacé de guirlandes de fleurs, tansporté dans un palais féerique, au milieu de bayadères qui rivalisaient de grâces et de séductions.

Il espéra que les sacrements pourraient dissiper les suggestions du malin esprit. Le lendemain, il célébra la messe ; mais il ne pouvait fixer son esprit sur les augustes mystères. Tous les objets qui s'offraient à sa vue, semblaient changer pour lui de forme ou de destination. Les saintes représentées dans les tableaux de son église, avaient l'air de lui parler d'amour; les femmes vers lesquelles il se tournait en prononçant le *Dominus vobiscum*, lui semblaient environnées d'une auréole lumineuse; il retrouvait en elles les houris de la nuit précédente, il croyait entendre le chant des syrènes. Ses visions, de voluptueuses devenaient quelquefois sinistres. Les diables sculptés sur les piliers de l'Église, ricanaient et se vantaient de bientôt le faire faillir; l'un de ces génies infernaux prit un visage de femme; c'était Astarté; c'était elle qui avait fait choir le sage Salomon et bien d'autres personnages qui avaient voulu se soustraire à son empire, mais qu'elle a enivrés, ensorcelés, entraînés dans l'abîme; bientôt elle serait maîtresse de lui.

Pour se délivrer des embûches du démon, il eut recours à la confession. Il avait pris pour confesseur son voisin de campagne le curé Badoulot. C'était un homme au-dessous du médiocre. Entré tard au séminaire, il n'avait reçu qu'une instruction fort superficielle; il n'entendait même pas le latin de la messe. Esprit borné, il ne cherchait jamais à comprendre. Il s'en tenait strictement à ce qui lui était prescrit. La gourmandise était son péché mignon. Il restait longtemps à table, savourait à loisir les mets que lui préparait sa gouvernante; puis s'endormait en pensant à ce qu'il mangerait à son souper. Du reste, aucune plainte sur son compte. Son dossier au secrétariat de l'évêché était des plus légers.

Gabriel se confessa à ce bon prêtre et lui exposa comment avaient pris naissance ses tentations, et quelles tortures elles lui faisaient souffrir. Badoulot prit lentement sa prise de tabac, hocha la tête et finit par lui dire : « Ce ne sera rien. Nous avons tous passé par là. Si cette crise est plus grave pour vous que pour la plupart des ecclésiastiques, c'est parce que votre innocence a été plus complète. Les prêtres ne sont pas de bois, hum ! Il y en a bien qui n'ont pas de souci de ce qui vous tourmente. Les tentations, les tentations.…! Mais ils n'en ont pas. Ils en prennent à leur aise. Vous devez me comprendre. Vous tenez à résister, c'est fort beau. Alors la prière, la prière, et le scapulaire bleu, oui, bleu ; oh ! celui-là est décidément le meilleur. Et béni, surtout… Restez-vous à dîner avec moi ? J'ai un chapon au riz ; Fortunée les accommode dans la perfection. Et un petit vin blanc, hum ! Je ne vous dis que ça.… Vous ne pouvez pas, tant pis. Un bon dîner chasse les mauvaises pensées. Moi, plus je mange, et moins je pense à mal. Allons, *absolvo te.* »

Gabriel, avant de le quitter, lui rappela que l'état

désordonné où il se trouvait, avait commencé quand il avait confessé une certaine femme qui s'accusait de péchés de luxure; et il demanda s'il devait continuer de la confesser malgré le danger auquel il s'exposait.

« Certainement, répondit le bonhomme. Ce cas là est prévu. Vous devez continuer en vous préparant par la prière. Il faut bien en passer par là. Plus le danger est grand, plus il y aura de mérite à le surmonter. D'ailleurs, il y a des grâces d'état; comptez là-dessus. »

La semaine suivante, Mme Brindeau revint se confesser. Gabriel était très-ému. Son cœur battait avec force. Il redoutait et en même temps désirait recevoir de nouvelles confidences; elles étaient dangereuses pour lui; mais il y avait dans cette épreuve tant de charme, qu'il ne pouvait s'empêcher d'en appeler le retour. Sa pénitente commença par défiler son chapelet de banalités. Comme elle s'arrêtait, il lui demanda si elle avait rompu sa liaison : « Oui, dit-elle. J'étais bien décidée à ne plus me retrouver seule avec lui. Mais je ne pouvais l'éviter. Sa vue a ranimé toute ma passion. Ses regards suppliants me pénétraient jusqu'à l'âme. J'eus le courage de le fuir. Il m'écrivit, je refusai ses lettres. Enfin il trouva moyen de s'introduire dans ma chambre, la nuit. Nous eûmes une longue explication. Alors... » Elle n'osait continuer. Il fallut que Gabriel l'encourageât. Puis vint le récit de ce dénouement du roman. La femme s'était bien défendue ; elle raconta en détail tous les incidents. Mais elle avait succombé. Elle pleura en avouant sa défaite ; mais elle avait goûté un tel bonheur, qu'elle eut la franchise de dire qu'elle ne l'échangerait pas contre sa part de paradis. Elle se reprochait sa faute, elle en demandait le pardon ; elle désirait être en paix avec Dieu, mais elle ne pouvait répondre d'elle pour l'avenir. Elle ferait de son mieux pour ne pas commettre de rechutes ; peut-être que ses prières et son repentir empêcheraient le retour de semblables occasions. Mais si elles reviennent, oh! alors.... » Elle ne put achever.

Gabriel ne pouvait se rassasier de l'entendre ; il la força de revenir sur le bulletin de la bataille ; il fallut qu'elle expliquât tout avec crudité. Il était sorti de son caractère : lui, si chaste, si réservé, si pudibond, il s'abreuvait d'images lubriques, il voulait voir ce que les libertins eux-mêmes dérobent à tous les yeux. Chose étrange : les gens de mœurs relâchées ont assez de pudeur pour ne rendre personne témoin de leurs ébats amoureux, et il y a des détails intimes dont ils rougiraient d'entretenir des tiers. Mais la confession, qui a pour but de purifier et de sanctifier, exige la divulgation de toutes les circonstances ; elle arrache tous les voiles, elle ne fait grâce d'aucun des traits du tableau, elle a le droit d'être cynique.

Gabriel se délectait de cet entretien qu'il prolongea. Il chapitra la femme ; mais c'était pour la forme ; il sentait bien que tout ce qu'il dirait, ne servirait à rien. Elle était bien décidée à ne rien sacrifier, ni le plaisir, ni la dévotion, à tout concilier par un de ces compromis très-communs chez les personnes qui vont à confesse, consistant à s'accuser des péchés d'habitude, à se faire absoudre et à recommencer ; de sorte que le sacrement n'a pour but que de régulariser le vice, en promettant d'effacer les fautes au fur et à mesure qu'elles se commettent ; le pénitent peut se livrer tout à son aise au péché, tout en se mettant en règle vis-à-vis du bon Dieu. Il n'a qu'une mauvaise chance à craindre, c'est d'être surpris par la mort avant d'avoir eu le temps de se faire absoudre. Mais on compte sur la miséricorde de Dieu : c'est comme une partie de jeu engagée entre l'homme et Dieu ; mais l'homme trouve moyen d'avoir des cartes biseautées, grâce aux stratagèmes inventés par notre sainte mère l'Église. Quiconque porte le scapulaire découvert par saint Stock, sera exempté de l'Enfer ; quant au purgatoire, il n'a pas à s'en inquiéter ; car, dès le samedi suivant, la Vierge viendra l'en tirer. S'il a la chance de mourir un vendredi soir, il n'aura fait que passer par le séjour expiatoire. En mettant tout au pis, s'il meurt le dimanche, bast ! une semaine est bientôt passée. Ainsi, sans se priver de rien sur terre, on aura aisément gagné le Ciel.

Revenons à Gabriel. Sa conscience n'était pas nette : pour la première fois depuis qu'il exerçait le saint ministère, il avait commis une indiscrétion coupable en prolongeant outre-mesure l'interrogatoire de sa pénitente, pour se donner le plaisir de savourer le récit d'une scène érotique ; tandis qu'il n'aurait dû lui demander que l'énoncer des circonstances propres à caractériser le péché. Il fit son *meâ culpâ*. Mais il était encore plus troublé qu'après la première confession de cette intéressante brebis, et il était étonné que l'abbé Badoulot lui ait permis, malgré le danger évident, de renouveler des entretiens si scabreux.

Dans les confessions suivantes, il fut sur ses gardes. Il s'étudia à ne poser que des questions strictement indispensables et à ne pas laisser la pénitente faire autre chose que l'aveu de ses péchés. C'était, chaque fois, invariablement la même histoire. Elle s'était livrée à son amant, elle l'aimait éperdûment, elle ne pouvait vivre sans lui , elle savait que cette liaison était criminelle , elle se la reprochait et y persistait. Elle avait les profits du péché ; mais elle se flattait d'en rejeter la responsabilité et d'échapper au châtiment mérité , à l'aide de confessions et d'absolutions périodiques. Gabriel se reprochait son indulgence à l'égard de cette pécheresse incorrigible , à laquelle il aurait dû refuser l'absolution , tant qu'elle n'aurait pas rompu avec ses habitudes vicieuses. Mais , dans la situation où il se trouvait lui-même, il ne se sentait pas le courage d'être sévère. Bien qu'il luttât de toutes ses forces contre les mauvaises pensées qui l'obsédaient , il ne se jugeait pas pur devant Dieu , il subissait l'empire de la concupiscence, il était dévoré de désirs vagues ; ses sens se révoltaient et réclamaient énergiquement la satisfaction que l'homme ne peut leur refuser sans méconnaître les conditions de sa nature.

XV.

Mme Brindeau n'avait été pour lui qu'une occasion de faire jaillir l'étincelle ; il éprouvait le besoin d'aimer et d'être aimé. Sa passion indéterminée eut bientôt un objet sur lequel elle put se fixer.

Mme de Villeneuve avait pour demoiselle de compagnie une jeune personne nommée Julie Dabincourt. Elle avait eu pour parents des commerçants aisés qui lui firent donner une brillante éducation : frappés par une suite de revers inattendus, ils se trouvèrent tout-à-coup ruinés et moururent de chagrin. Julie, à dix-neuf ans, orpheline, sans ressource, ne sachant que devenir, chercha à utiliser l'instruction qu'elle avait acquise. Elle s'adressa à l'une de ses anciennes camarades, élevée comme elle au couvent du Sacré-Cœur, qui la plaça chez sa cousine Mᵐᵉ de Villeneuve. Cette dame, qui menait une vie très-retirée, fut heureuse de rencontrer dans cette demoiselle une compagne avec laquelle elle put s'entretenir. Elle ne tarda pas à apprécier ses excellentes qualités, elle s'attacha à elle de plus en plus et la regarda comme une amie, une confidente. Julie ne la quittait pas, elle allait au devant des désirs de sa maîtresse, avait pour elle les soins les plus délicats, les plus affectueux.

Gabriel s'était trouvé plusieurs fois avec elle, quand il déjeûnait au château ; il avait pris plaisir à sa conversation, il avait remarqué l'étendue de ses connaissances, son goût en littérature ; mais à peine s'il l'avait regardée.

Elle vint à son tour se confesser à lui, conformément à la règle suivie par toutes les personnes de la maison. Ce n'était pas dans la chapelle qu'avaient lieu les confessions, mais dans une chambre contiguë à celle qu'occupait la comtesse. Dès que Gabriel vit Julie se mettre à ses genoux, il fut comme frappé d'un coup de foudre. Il lui sembla qu'il la voyait pour la première fois. Il resta saisi d'admiration devant sa beauté angélique. Julie était nue-tête, sa blonde chevelure couronnait gracieusement un visage qui eut pu servir de modèle à un statuaire; ses yeux bleus étaient d'une douceur pénétrante; et Gabriel fut comme transpercé par son regard. Il resta interdit, sans pouvoir dire un mot. Julie, ne se doutant pas de l'effet renversant qu'elle avait produit, se mit à réciter les formules préliminaires, énuméra ses péchés, tous bien légers, puis attendit les exortations qui devaient lui être faites. Étonnée du silence de son confesseur, elle l'examina plus attentivement, lui trouva les yeux hagards, la physionomie bouleversée, et lui demanda timidement s'il était indisposé.

Gabriel, rappelé à la réalité, comprit qu'il avait son ministère à remplir. Il n'avait pas entendu un mot de ce que lui avait dit la pénitente; il ne pouvait donc la sermonner sur les péchés dont elle s'était accusée. Il parla de tout autre chose. Son émotion le rendit éloquent. Il entretint Julie de la bonté de Dieu, de son amour pour ses créatures, du bonheur qu'il nous réserve dans le royaume céleste, de l'union des âmes qui, détachées des affections terrestres, goûtent les prémices des joies du paradis. Son discours un peu confus était plein d'images hardies, de traits ingénieux. Julie l'écoutait avec ravissement ; elle ne lui connaissait pas une imagination si poétique, ni une telle élévation de langage. Dans ses sermons du dimanche, elle l'avait trouvé froid et ennuyeux : aujourd'hui, il se révélait à elle comme un poète inspiré. Elle partagea son enthousiasme, elle suivait ses gestes ; leurs mains se rencontrèrent, et une étreinte énergique fut pour eux comme une marque de la communauté de sentiments. Leurs visages se rapprochèrent ; Gabriel, entraîné par une force inconnue et irrésistible, déposa un baiser brûlant sur la joue de Julie qui tressaillit de plaisir. Puis, honteux de cette témérité, il s'éloigna un peu et se crut obligé d'expliquer une familiarité si peu en harmonie avec le rôle qu'il remplissait. « C'est, dit-il, ma chère sœur, un amour pur et éthéré que j'ai pour vous, amour semblable à celui dont les anges sont embrasés les uns pour les autres, amour pareil à celui qui unissait Saint François de Sales et la bienheureuse Marie Chantal, le saint pape Grégoire VII et la comtesse

Mathilde. » Julie ne répondait que par des soupirs, la joie illuminait ses traits.

Ils s'aimaient, et ils se figuraient que leur amour séraphique, à l'instar de l'amour platonique, était étranger aux sens et à ce titre parfaitement licite. Dans son trouble, Gabriel avait oublié de donner l'absolution et de réciter le rituel qui doit terminer la cérémonie. Ce doux entretien s'était prolongé bien au-delà des limites ordinaires. Quand Julie descendit au salon, les domestiques chuchotèrent. Les uns disaient qu'elle avait dû avoir bien des péchés à avouer, pour avoir retenu si longtemps M. le curé; d'autres, remarquant son teint empourpré, ses yeux brillant d'un éclat inaccoutumé, firent des réflexions encore plus désavantageuses.

Gabriel ne se possédait plus; il était inondé d'une félicité nouvelle. Il ne pensait qu'à Julie; il la voyait partout; il avait enfin trouvé le trésor après lequel il aspirait. Mais cette affection était-elle aussi pure qu'il l'avait jugé d'abord? C'est ce qu'il se demanda avec anxiété. Ce baiser donné dans un moment d'oubli, n'est-ce pas là une de ces caresses qui ne sont que le prélude du crime prévu par le sixième commandement du Décalogue? Hélas! oui. C'est ce que décident tous les traités des cas de conscience. Ce baiser qui l'avait transporté au septième ciel, c'était un acte de luxure. Il rougissait de honte et de dépit en prononçant tout bas ce vilain mot, appliqué à un événement qui lui avait paru d'abord d'une suavité idéale. Ce baiser, donné à sa pénitente et pendant la confession, c'est ce qui est qualifié de sacrilége et d'inceste spirituel. Horreur! Il ne pouvait porter un si gros péché mortel dont le poids était capable de l'entraîner en enfer.

Bourrelé de ce remords, il courut aussitôt chez son confesseur.

XVI.

Il arriva dans un mauvais moment. Le curé Badoulot avait précisément, ce jour-là, deux de ses confrères à dîner. Au moment où entra Gabriel, l'amphytrion se disposait à découper un gigot cuit á point; on sablait le vin blanc d'Anjou; la conversation était d'une gaîté un peu bruyante et épicée par-ci par-là d'historiettes croustilleuses.

« Ah! c'est vous, confrère, s'écria Badoulot. Vous arrivez à propos. Vous êtes des nôtres. Tant mieux. Fortunée, un couvert de plus. Et pour commencer, trinquons. »

Gabriel s'excusa de ne pouvoir acccepter cette invitation ; il était indisposé, et il venait pour une affaire grave, qui ne souffrait pas de retard.

Badoulot contrarié de cette visite maussade et inopportune, ne put réprimer son mécontentement.

« Affaire grave, dit-il en grognant! Mais il n'y en a pas de plus grave que de bien dîner. Vous savez le proverbe :

Rien ne doit déranger l'honnête homme qui dîne.

Gabriel restant debout, déclara que son affaire était des plus urgentes. Le curé, tout en maugréant, se leva de table et conduisit Gabriel dans la chambre voisine.

« Il s'agit, dit celui-ci, de me confesser tout de suite. Je suis en état de péché mortel ; et si j'étais surpris par la mort, j'irais droit en enfer.

Badoulot, qui dans son état de douce gaîté, était porté à l'optimisme, ne put s'empêcher de sourire.

« Comment, dit-il, c'est pour une telle misère que vous me dérangez. Revenez demain matin. »

— « Mais mon âme est en péril. »

— « Mais mon gigot va froidir, et

Un dîner réchauffé ne valut jamais rien.

— « Vous ne mourrez pas tout de suite. »

— « Qui sait? Jésus-Christ a dit que le Fils de

l'Homme viendrait comme un voleur (1). Nous devons à chaque instant, être prêt à comparaître devant le juge suprême. »

— « Ah ça ! Vous me cassez la tête avec vos scrupules. Si tous les paroissions étaient comme vous, nous ne trouverions pas le moment de manger. Voyons, puisque vous y tenez tant, contez-moi votre cas, et soyez bref. »

Gabriel raconta en rougissant, la faiblesse dont il s'était rendu coupable. Badoulot réprimait, à chaque moment, son envie de rire ; son regard grivois semblait dire : Quel nigaud !

Quand le pénitent eut achevé :

« C'est tout, dit le confesseur. C'était bien la peine de me déranger. *Absolvo te*, et bonsoir. »

Le bon curé rejoignit vivement ses convives et reprit le cours du succulent dîner qui avait été interrompu. Il était incapable de commettre sciemment le crime de divulgation des secrets de la confession. Mais il était étourdi ; quand il avait bu un coup de plus que d'ordinaire, il était bavard, il aimait à raconter ; il puisait alors dans ses souvenirs de confesseur, en ayant soin de déguiser les noms et les lieux pour dé-

(1) Apoc. III, 3.

pister ses auditeurs. Mais ses précautions étaient toujours fort maladroites, et il finissait par laisser échapper tout ce qu'il y avait de plus scandaleux dans les aveux de ses pénitents. Fortunée savait très-bien tirer parti de son intempérance de langage; elle était au courant de tout, et elle n'aimait rien tant que de se faire la gazette du village.

Dès que Badoulot eut repris sa place à table, ses confrères le regardèrent d'un œil interrogateur.

Oh! répondit le bonhomme, ce n'est rien. Gabriel avait à me consulter sur une question de rituel. Vous concevez que je dois observer là dessus une discrétion absolue. Mais il faut convenir qu'il y a des importuns dont la visite est bien fâcheuse. Tenez, par exemple dans la paroisse où j'étais avant de venir ici, il vint un prêtre me trouver pendant mon dîner, comme tout à l'heure. Il voulait être confessé à la minute. Il avait, disait-il, commis un gros péché dont l'absolution était urgente. Je me figurais qu'il avait assassiné père et mère ou qu'il avait fait un pacte avec Satan. Ah bien oui. Il avait le matin, confessé, dans une chambre dépendant d'un château, une jolie demoiselle; et, tout en l'exhortant, il lui avait appliqué un baiser sur la joue. Ça n'avait pas été plus loin. Et pour cette bagatelle, il croyait avoir à ses trousses tous les diables d'enfer. Allons, lui dis-je, mon cher Ga....., non, je veux dire, mon cher ....., enfin le nom propre n'y fait rien ; on dirait que vous avez été élevé dans une bouteille.....Mais le plus drôle de l'affaire, c'est que ce garçon-là était arrivé à son âge sans avoir jamais touché à une femme. C'était là son début, et encore bien modeste. Ah, ah, ah !...

Les deux curés rirent aux éclats en se faisant des signes d'intelligence. Fortunée était restée à écouter, et enchantée d'avoir enrichi son répertoire de nouvelles. « Bon, se dit-elle ; il s'agit bien sûr de Mlle Julie ; cette bégueule, cette sainte-n'y-touche qui se laisse embrasser en confession. Et ça fait des embarras ! »

XVII.

Gabriel revient chez lui, faisant de tristes réflexions. La conduite du curé Badoulot et de ses deux convives le suffoquait de dégoût ; cette grossiéreté, cette sensualité brutale lui causaient une répulsion et par suite un profond mépris pour ces envoyés de Dieu, qui ne connaissent que le culte de la matière et ne comprennent rien aux choses de l'esprit. Son confesseur, malgré son caractère sacré, n'était qu'un joyeux épicurien, pour qui la prêtrise était un métier. Sans doute, d'après les décisions de l'Église, l'abso-

lution, même par un prêtre indigne, est valable,
pourvu que celui qui la prononce, « ait l'intention de
faire ce que l'Église fait ; » et cette intention se pré-
sume jusqu'à preuve contraire. Mais, quand il des-
cendait au fond de sa conscience, il se demandait si
la formule d'absolution, bâclée à la hâte par un curé
en goguette, avait la vertu d'effacer sa faute. N'était-
ce pas là une vaine mômerie, n'ayant pour résultat
que de dispenser le pêcheur de s'amender par une
véritable réformation? Il se sentait supérieur à celui
qui, pour un instant, avait été son juge ; il se disait
que ce n'était pas par un cérémonial qu'il pouvait se
purifier, mais par un perfectionnement réel, par
l'adoption sérieuse des véritables règles de la morale.

Il résolut de ne plus avoir à faire à ce sybarite qui
mettait son gigot au-dessus des devoirs de son ministère. Quant à la conduite qu'il devait tenir, il se proposa d'éviter à l'avenir des entretiens tendres avec sa
charmante pénitente, et de n'être avec elle que le juge
impassible qui doit la diriger dans le sentier de la
vertu.

Il attendait, avec une impatince fébrile, qu'elle re-
vînt se confesser. Julie fit preuve d'une exactitude
qu'elle n'avait pas eue jusqu'alors. Tous les lundis,
elle attendait son tour, et elle se présentait devant

celui qu'elle appelait son confesseur, mais qui en réalité avait pour elle un titre bien plus cher. C'était un amant qu'elle brûlait de revoir, avec lequel elle était heureuse de s'épancher. Chaque fois qu'avaient lieu ces entretiens secrets, on commençait par un simulacre de confession ; puis venaient des causeries intimes, dans lesquelles les deux amoureux se communiquaient leurs sentiments ; ils parlaient de tout au hasard, mais c'était l'amour qui était l'âme de leurs discours ; ils se dévoraient des yeux, ils échangeaient les protestations les plus ardentes d'une sympathie toute fraternelle. Ils se bornaient à ces manifestations d'où ils se flattaient que les sens seraient bannis. Ils se contenaient ; mais un espoir vague luisait pour eux par moment ; ils étaient arrêtés par une barriére qui s'opposait à ce que leur félicité fut complète ; mais l'imagination franchissait cet obstacle. La confession devînt pour eux un besoin. Ils en attendaient le retour avec joie ; c'était pour eux un rendez-vous commode, autorisé. Que leur manquait-il ?...

Plus Gabriel connaissait sa chère Julie, plus il l'aimait : il aurait voulu pouvoir en faire sa femme, se consacrer tout à elle. Il voyait autour de lui des couples qu'il supposait heureux, environnés d'enfants qui faisaient leur bonheur et leur gloire, en qui ils mettaient toutes leurs espérances. Un tel sort lui était interdit : son vœu le retenait par une chaîne indissoluble. Il gémissait sur son fatal destin. Il était comme un lépreux, rejeté en dehors de l'espèce humaine, il ne pouvait avoir de famille. Il était condamné à la solitude. Il maudissait la résolution imprudente qu'il avait prise a un âge où son inexpérience lui avait mis un bandeau sur les yeux. Il ne pouvait posséder celle qu'il adorait.

Dans certains moments, il éclatait en sanglots, il rugissait de colère. Puis le souvenir de ses devoirs sacrés lui apparaissait ; il se repentait amèrement d'avoir eu la pensée de rompre son vœu, de manquer à la loi divine. Ballotté entre le désir et le remords, il tombait dans des accès de morne tristesse. Il perdait le sommeil et l'appétit ; il dépérissait.

C'est la nuit surtout qu'était douloureux le combat qu'il se livrait à lui-même. Au milieu de l'obscurité et du silence, alors qu'aucune image extérieure ne venait attirer son attention, il avait des hallucinations, il se débattait contre des fantômes, il poussait des cris déchirants. Sa servante effrayée vint plusieurs fois à son secours et le voyait éperdu, le regard fixe, apostrophant des êtres invisibles. Elle l'entendait avec épouvante prononcer des mots incohérents, dans lesquels elle crut distinguer d'horribles blasphèmes. Le croyant possédé de quelque esprit malin, elle faisait des signes de croix et l'aspergeait d'eau bénite.

Elle lui parla un jour des scènes dont elle avait été témoin, et le supplia de consulter un médecin. Comme il ressentait des douleurs physiques, il pensa qu'en effet les secours de la science pourraient lui apporter quelque soulagement.

Il alla à la ville voisine. Comme il n'y connaissait personne, il s'adressa au médecin de l'Hôtel-Dieu, qui, par sa position, lui paraissait mériter le plus de confiance. Il exposa les incommodités dont il avait à se plaindre. Le docteur devina du premier coup, de quoi il s'agissait. Il fit plusieurs questions sur les antécédents du consultant. Les réponses de celui-ci le confirmèrent dans le jugement qu'il avait porté.

« Monsieur, lui dit-il, votre mal tient à votre position de prêtre et a pour cause la continence. La nature nous a tous doués d'organes destinés à fonctionner ; et ce n'est pas impunément qu'on se soustrait à sa loi. La continence est un état contraire à la santé du corps et à celle de l'esprit. La satisfaction modérée des sens est un besoin impérieux, et il devient d'autant plus violent qu'il a été plus comprimé. L'abstinence absolue amène une lutte périlleuse et extrême-

ment pénible. Il y a des individus qui, à force de persévérance, sortent victorieux de ce combat. Mais c'est
le plus petit nombre. La plupart, après des efforts
plus ou moins prolongés, finissent par succomber et
passent même d'une extrémité à l'autre ; de l'état
angélique où ils ont voulu s'élever, ils tombent dans
la fange du libertinage. Ceux qui persistent dans la
fidélité à leurs engagements, s'exposent à diverses
maladies dont je vois déjà chez vous les symptômes
accentués, tels que la fièvre cérébrale et la folie. Je
ne vous donne pas de conseil. C'est à vous à vous
décider. »

Gabriel fut très-scandalisé de cette solution. « Monsieur, répondit-il, ce que vous m'indiquez comme
remède, ce serait le parjure. Mes devoirs m'inter-
disent des moyens aussi immoraux. J'espérais que
des médications auraient pu dissiper ou au moins at-
ténuer le mal.

« — Je vous ai parlé en médecin, dit le docteur,
et non en moraliste. Votre état est alarmant, vous
courez à votre perte. Je vous ai dit comment vous
pouvez vous en préserver. Mais je n'ai pas qualité
pour guider votre conscience. »

Gabriel ne pouvait se résigner à un tel arrêt. Il in-
sista. « Il est impossible, dit-il, que le danger soit tel

que vous le dépeignez. Car il y a des milliers de prêtres, de moines et de religieuses qui, comme moi, ont fait vœu de célibat. Si leur état, qui est le mien, devait amener les perturbations que vous m'annoncez, ce ne serait pas tenable. Il est constant, au contraire, qu'il y peu de classes dans lesquelles il y ait une meilleure santé et une plus grande longévité. La Providence protége ceux qui se vouent à son service.

« — Quant à la Providence, dit le médecin, je suis tout à fait incompétent ; elle ne me révèle pas ses secrets. Quant aux nombreux ecclésiastiques qui se portent à merveille et arrivent à un âge avancé, la question est de savoir comment ils gardent leur vœu. Croyez bien que tous n'ont pas vos scrupules. »

Gabriel fut piqué de ces réflexions qui lui semblaient un outrage pour le corps respectable dont il faisait partie et qui de tout temps a compté dans son sein un grand nombre de saints et de martyrs. Il cita les Saints Pères et les docteurs en renom.

Le médecin l'arrêta dans son énumération. « Je vous répète, lui dit-il, que je ne fais pas de théologie. Je n'ai traité la question qu'au point de vue physiologique. Les effets de la continence sont attestés par des témoignages irrécusables. »

Gabriel se retira déconcerté. Il était irrité contre ce

médecin qu'il regardait comme un impie ; c'était sans doute un matérialiste, un athée. Le conseil qu'il suggère, ne pouvait être dû qu'à une inspiration diabolique. Il ne pouvait y penser sans horreur. Et, bien loin de vouloir le suivre, il résolut de redoubler de vigilance pour chasser les rêves d'impureté qui venaient souvent salir son imagination et lui avaient même causé des accès passagers de démence.

XVIII.

Depuis sa comparution à la suite des élections, il n'avait plus entendu parler de l'évêché, sinon pour la correspondance officielle, relative à son service ordinaire. Ce fut avec surprise qu'il reçut une lettre cachetée du sceau des armes épiscopales. Il l'ouvrit avec agitation, pressentant quelque nouvelle accusation. C'était, au contraire, une lettre autographe de Mgr qui l'invitait, dans les termes les plus gracieux, à venir déjeûner à l'évêché ; il annonçait l'intention de l'entretenir confidentiellement d'une affaire importante.

Il se rendit à l'invitation. Il fut accueilli à bras ouverts par le prélat qui lui prodigua les expressions de la haute estime qu'il avait pour lui, et de son attachement. Il n'y avait à table, outre l'évêque, que ses deux grands vicaires et l'inévitable abbé Legrand qui était devenu la cheville ouvrière de la cour épiscopale. Tout le monde fit à Gabriel un excellent accueil; Legrand lui-même se montra plein d'égards.

Après le déjeûner, l'évêque fit passer Gabriel dans son cabinet, pour l'entretenir en secret. Il avait l'air enjoué, des manières séduisantes.

« — Vous avez, lui dit-il, pour paroissienne la comtesse de Villeneuve qui est très-riche et qui n'a pas d'enfants. Savez-vous si elle a fait un testament?

« — Je l'ignore complètement, répondit Gabriel. Elle ne m'en a jamais parlé.

« — Mais peut être ne le lui avez-vous pas demandé.

« — Non, certes.

« — Eh bien, ce serait un point à éclaircir.

« — Mais il y aurait indiscrétion à questionner sur pareil sujet.

« — Non, de votre part, rien n'est indiscret. Vous êtes son confesseur, son ami. Elle n'a pas de secret pour vous, et elle ne peut mieux placer sa confiance. Il n'est pas supposable que, possédant une fortune aussi considérable, elle ne songe pas à en disposer après sa mort. Elle est pieuse et charitable. Elle doit avoir en vue quelques bonnes œuvres. Personne n'est mieux en état que vous de la guider sur le choix qu'elle pourra faire. Elle aura sans doute aussi á rémunérer les personnes pour lesquelles elle a le plus d'affection ; et vos conseils peuvent encore lui être très-utiles.

« — Si Mme la comtesse voulait bien me consulter, je me ferais un plaisir de l'aider de mes avis. Mais, tant qu'elle gardera le silence sur l'emploi de sa fortune, je ne puis lui offrir des conseils qu'elle ne demande pas et qui seraient peut-être mal accueillis. Il est possible que, comme tant d'autres, elle ait de la répugnance à faire un testament. Car ces sortes d'actes ont toujours quelque chose de sinistre.

« — En votre qualité de prêtre, vous dissiperiez ces vaines appréhensions ; vous lui feriez comprendre qu'un bon chrétien, mettant toute sa confiance en Dieu, doit envisager la mort sans effroi ; et que, quand on a le dessein de faire du bien, il ne faut pas l'ajourner ; car ce serait s'exposer à être surpris avant d'avoir mis tout en règle.

« — Peut-être aussi qu'elle veut laisser sa fortune à ceux que la loi appelle comme ses héritiers ; et alors elle n'aurait pas besoin de testament pour gratifier ses neveux et nièces qu'elle aime beaucoup.

« — Hum ? c'est là présisément ce qu'il faudrait empêcher. Elle ne doit rien à ses neveux qui n'ont jamais dû compter sur sa succession. Elle pourrait se contenter de leur laisser quelques rentes pour leur permettre de vivre dans l'aisance. Avec le surplus elle pourrait faire un bien immense. L'Église éprouve les plus grands besoins. Ainsi, il y a, dans mon diocèse, un collége infecté du plus mauvais esprit ; les professeurs sont des libéraux qui ne mettent jamais le pied à l'église. La jeunesse y est corrompue par l'enseignement de l'université qui, comme vous savez, est une *école de pestilence.* Si nous avions seulement la moitié de la fortune de Mme de Villeneuve, nous pourrions fonder une maison d'éducation tenue par les bons Pères Jésuites. Par là nous pourrions faire fleurir la religion, former une génération imbue des vrais principes de l'ordre social. Et nos séminaires, et nos paroisses, et nos communautés religieuses ! Il nous faudrait de bien grosses sommes pour les mettre dans un état florissant.

« — Tout cela est vrai, dit Gabriel ; mais je n'y puis rien.

« — Si, vous pouvez beaucoup. Comme directeur de la conscience de la comtesse, vous pouvez la préparer adroitement à l'acte de justice que je viens de vous indiquer. Vous devez lui faire comprendre que la Providence, en accordant des richesses à quelques privilégiés, leur a imposé des devoirs, et qu'ils auront à répondre, devant Dieu, du bon ou du mauvais emploi qu'ils auront fait de ces biens terrestres dont ils ne doivent se regarder que comme les dépositaires et les économes.

« — Monseigneur, les libéralités de l'Église doivent être spontanées. Je n'admets pas qu'on puisse employer, pour les provoquer, la suggestion. Une telle manœuvre serait sévèrement jugée par l'opinion publique. Pour ce qui me regarde personnellement, je ne saurais conseiller la spoliation d'une famille honorable de laquelle je n'ai reçu que des bienfaits et des égards..

« — Suggestion, spoliation ! s'écria le prélat. Ce sont là des mots vides de sens, inventés par l'esprit de parti pour décrier l'Église et ses ministres. La suggestion du bien est, non-seulement légitime, mais encore sainte par son but. Il n'y a pas spoliation quand on prive les gens de choses auxquelles ils n'ont aucun droit. Or, tant que la volonté d'une personne ne s'est pas prononcée sur la disposition de son héritage, personne ne peut s'en dire propriétaire.

« — Monseigneur, je regrette de ne pouvoir entrer dans vos vues. Je ne ferais rien pour exciter la comtesse à faire un testament.

« — Mais si elle vous consulte, vous pourrez alors

user de votre influence en faveur de l'Église.

« — C'est là une éventualité pour laquelle je ne puis avoir de résolution prise à l'avance. Si le cas se présente, je réfléchirai.

« — Voilà une circonspection fâcheuse, Monsieur le curé ; et je vois avec peine que vous me refusez votre concours sur lequel j'avais droit de compter... Mais il y a encore un moyen d'amener la comtesse à nos fins. Elle a pour confidente une demoiselle Julie avec laquelle vous êtes très bien... »

Ici Gabriel se redressa avec indignation. Il crut apercevoir, dans ces dernières paroles, une insinuation blessante et même calomnieuse contre une femme pour laquelle il avait autant d'estime que d'affection.

« — Monseigneur, répondit-il, je suis simplement le confesseur de Mademoiselle Julie. Je n'ai aucun empire sur son esprit.

« — Allons, vous êtes trop modeste. Vous pouvez beaucoup sur elle.

« — On vous a mal renseigné, Monseigneur. Je ne puis rien. Et d'ailleurs, je vous certifie que cette demoiselle ne consentira jamais à suggérer à sa maîtresse un testament. Elle est trop désintéressée pour conseiller un pareil acte. Elle pourrait être soupçonnée d'avoir cherché à se faire attribuer une part des libéralités.

« — Et quand ce serait, il n'y aurait pas de mal. Elle a bien mérité par ses services, que la comtesse lui assure une existence convenable. Et une fois qu'on a mis la main à la plume pour tracer ces dernières dispositions, le plus grand pas est fait. Le reste irait de soi.

« — Je n'entrerai jamais dans de telles combinaisons. »

L'évêque vit que toute insistance serait inutile. Il mit fin à cet entretien et dissimula son mécontentement. Mais le dossier de Gabriel, déjà fort chargé, s'enrichit d'une mauvaise note. C'était un suspect, bien près de passer à l'ennemi.

Gabriel fut très-mortifié de cet entretien. Il ne pouvait s'empêcher de mépriser son supérieur qui lui avait dévoilé ses projets d'astuce et de cupidité et avait voulu faire de lui son complice. En se rappelant les expressions très-légères, employées sur le compte de sa chère Julie, il éprouvait un chagrin cuisant. Il cherchait en vain comment avaient pu se former les bruits injurieux dont le prélat s'était fait l'écho. Il avait bien, il est vrai, à se reprocher un seul baiser : mais cet acte d'étourderie s'était passé sans témoin.

Personne n'avait pu en avoir connaissance. Cependant il s'en était accusé à confesse, sans nommer la personne. Serait-ce son confesseur qui aurait trahi son secret et qui, par une supposition hasardée, aurait deviné l'objet de son affection. Mais ce serait un abominable abus de confiance, et il ne pouvait croire Badoulot capable d'une telle noirceur... Mais si ce bruit se répand, voilà la réputation d'une honnête fille qui va être ternie. Et comment réparer le mal ?... Si seulement il lui était permis de l'épouser. Mais non : quand même la séduction serait complète, quand même la malheureuse qui aurait cédé, deviendrait mère, le prêtre ne peut donner un mari à la femme qu'il a séduite, un père à ses enfants...

Il se perdait dans ces tristes pensées.

XIX.

Quelques jours après, étant revenu au château, il y trouva un neveu de la comtesse, qu'il n'avait pas encore vu. C'était le chevalier de Ligeac. Il avait été élevé chez les Jésuites et était demeuré fidèle à leur enseignement. Mais, dans ses voyages, il avait eu occasion de converser avec des protestants et des libres-penseurs, et il avait discuté avec eux, plusieurs questions religieuses. Leurs objections ne l'avaient pas détourné de ses croyances ; mais il jugeait nécessaire d'examiner à fond les points difficiles. Il s'était mis à lire attentivement les ouvrages des apologistes, et il était peu satisfait de leurs réponses. Comme il devait passer plusieurs mois auprès de sa tante, il résolut de profiter de ses loisirs par continuer ses études auxquelles il prenait goût. Il avait entendu faire l'éloge du curé Gabriel ; il le voyait de temps en temps ; il déjeûnait avait lui tous les lundis. Il le prit pour confesseur et il lui proposa de conférer ensemble sur quelques parties du dogme, qu'il avait entendu débattre.

Gabriel accepta volontiers ces entretiens. Le chevalier lui déclara que les questions sur lesquelles il désirait des explications, étaient assez nombreuses, mais que, pour ménager le temps dont ils auraient à disposer, il choisirait deux ou trois difficultés à résoudre.

« L'Église, dit-il, nous enseigne que Jésus-Christ par sa mort a voulu sauver tous les hommes. Mais cette mort, en réalité, ne profite qu'à une faible minorité. Il y a eu et il y aura encore des populations entières qui n'ont pas même entendu parler de Jésus-Christ et qui n'ont aucune connaissance de la loi destinée cependant au genre humain. Si Dieu avait voulu que cette loi régit tous les hommes, il la leur aurait manifestée avec une clarté telle que nul n'eût pu l'ignorer. La conduite qu'on lui prête, est donc indigne de sa bonté et de sa puissance.

« — Sans doute, répondit Gabriel ; Dieu a voulu sauver tous les hommes, mais à condition que par un bon usage de leur libre arbitre ils répondront aux grâces qu'ils reçoivent. Dieu leur en accorde à tous, et elles sont suffisantes pour les sauver. Ceux qui ignorent sa loi, reçoivent des grâces telles que, s'il y répondaient, Dieu leur en ferait de plus abondantes ; et ainsi de suite ; de sorte qu'enfin, s'ils se montraient dignes de recevoir l'initiation, Dieu ferait au besoin un miracle, enverrait même un ange pour les faire chrétiens. Il en résulte que ceux qui restent étrangers à la loi révélée, ne le sont que par leur faute et méritent d'être punis.

« — Voilà qui est bien subtil, dit le chevalier, et peu satisfaisant. Somme toute, Dieu n'accorde à la majeure partie des hommes, que des grâces que vous appelez suffisantes, mais qu'il prévoit devoir rester insuffisantes. D'innombrables générations se succèdent, toutes ignorant la loi qui est censée leur avoir été apportée du ciel. Dieu savait que tous ces hommes vivraient et mourraient sans que les bénéfices de la mort de son fils leur fussent applicables. Étendons même la question. Dieu crée chaque jour, des myriades d'hommes qu'il sait devoir être damnés; car il y a beaucoup d'appelés et peu d'élus. Vous me dites que ces hommes sont damnés parce qu'ils ont mésusé de leur libre arbitre. Je le veux bien. Mais Dieu savait qu'ils mésuseraient, et cependant il les a créés. Il aurait bien mieux valu les laisser dans le néant. »

De cette question on passa au péché originel. Le chevalier demanda comment des êtres, en venant au monde, n'ayant encore pu agir ni même penser, peuvent être coupables d'une faute commise avant leur naissance.

On s'occupa ensuite de la Trinité, de l'Incarnation.

L'entretien se prolongea plusieurs heures. Gabriel était essoufflé. Il avait admis de confiance, au séminaire, tout ce que ses maîtres lui avaient enseigné. Il répétait leurs arguments qui s'étaient logés dans sa mémoire. Il croyait, en les reproduisant, avoir réponse à tout. Il s'apercevait avec effroi, qu'on lui présentait des objections qu'il n'avait pas soupçonnées, et que les arguments, qui lui avaient été donnés comme péremptoires, étaient brisés du premier choc. Il se voyait sur le point d'être acculé au pied du mur.

Il sentit le besoin de se recueillir pour soutenir une lutte si périlleuse. Voici ce qu'il proposa à son contradicteur. J'ai, dit-il, dans la bibliothèque qui me vient de mon prédécesseur, un grand nombre d'ouvrages de controverse, où le pour et le contre sont soutenus. Ce vénérable prêtre, qui avait beaucoup étudié, a annoté de sa main tous les écrits des adversaires du christianisme et n'a laissé passer aucune objection sans la réfuter. Nous avons donc là de quoi nous éclairer. Jusqu'ici, j'ai négligé de recourir à cet arsenal ; car le monde dans lequel je vis, ne me mettait jamais dans la nécessité d'en faire usage. Maintenant, grâce à vous, je reconnais que je ne dois pas être étranger à cette polémique. Je vous offre d'y puiser en même temps que moi. Vous choisirez les livres qui vous conviendront. Et de temps en temps, nous nous ferons part du résultat de nos études, et nous discuterons ensemble les arguments présentés de part et d'autre. »

Le chevalier accepta cette proposition. Le soir même, il accompagna le curé au presbytère. Il examina la bibliothèque et choisit quelques livres qu'il emporta.

Gabriel, de son côté, se mit à la besogne. Il avait à sa disposition tous les incrédules du dernier siècle, ainsi que les contemporains, Voltaire, Diderot, J.-J.

Rousseau, d'Holbacq, Dupuis, Volney, Strauss, etc. Il était plein de confiance dans la solidité des preuves du christianisme, et il comptait sur les annotations de son prédécesseur. Il avait, pour se fortifier dans la foi, une foule d'apologistes, Pascal, Bullet, Bergier, Guenée, jusqu'à Frayssinous, A. Nicolas et l'abbé Gaume.

Il prit goût à cette étude qu'il se reprocha d'avoir négligée. Il lut avec attention ; absorbé par le charme de ses recherches, il y passait des nuits entières. Il y trouvait le calme dont il était privé depuis longtemps, et l'oubli des tourments qu'il avait eu à souffrir.

Dès qu'il se fut mis à l'œuvre, il ne put s'empêcher de reconnaître la vérité du principe du libre examen. « Pourquoi, se dit-il, suis-je catholique ? C'est parce qu'on m'a élevé dans cette religion. Si j'étais né en Suède, je serais protestant ; en Turquie, musulman ; dans l'Indoustan, brahmaniste, etc. C'est donc le hasard de la naissance, qui m'a fait ce que je suis. Mais toutes les religions ne peuvent être également vraies, puisqu'elles se contredisent et s'anathématisent réciproquement. Je ne puis donc, de cette circonstance que j'ai été élevé dans une certaine religion, conclure qu'elle soit vraie ; je dois examiner, faire usage de ma raison. Pour procéder rationnellement, je dois faire table rase de tout ce qu'on m'a appris, demander compte à chaque secte de ses titres au respect et à l'obéissance. Je ne puis donc rien admettre sans preuve solide ; chaque religion aura à justifier des preuves sur lesquelles elle est fondée. Toutes se disent révélées de Dieu : il faut prouver cette origine, établir comment Dieu s'est manifesté. »

En lisant les arguments des incrédules, il fut épouvanté de leur hardiesse, mais en même temps saisi de leur justesse. Il sautait aux notes marginales, pour y chercher les réponses du bon curé. Mais elles étaient si pitoyables, si enfantines, qu'on était tenté de croire qu'il avait voulu plaisanter et faire ressortir la force irrésistible des objections.

Plus il avançait dans sa tâche, plus il se détachait de ses croyances. Il finit par reconnaître que les objections étaient invincibles, et pour lui la fausseté des dogmes fut démontrée aussi clairement qu'une proposition de géométrie. Il avait cherché la vérité consciencieusement ; non-seulement il n'avait pas de parti-pris pour l'incrédulité, mais au contraire il se croyait fort des convictions qu'il avait sucées avec le lait. Et tout ce qu'on lui avait appris à révérer, s'écroulait, pièce à pièce, il n'en restait rien.

Il était fier du triomphe de sa raison, fier de la lumière qui venait tardivement dissiper les ténèbres où il avait été plongé. Mais en même temps un amer désenchantement lui serrait le cœur. Il fallait donc renoncer à toutes ces joies mystiques, à ces élans d'amour vers l'Éternel, à ces colloques avec la Vierge et les Saints, aux consolations de la prière, aux espérances du Paradis. Cette vérité qu'il se flattait de conquérir, était froide et nue ; elle lui laissait le cœur vide. Ses rêves dorés n'étaient que chimères. Il n'avait adoré que des fantômes.

Cette découverte lui causa une affliction profonde. Il fondait en larmes. Il regretta la curiosité indiscrète qui l'avait poussé à l'examen ; c'était comme le fruit défendu, qui devait faire acquérir à nos premiers pères la science du bien et du mal, et qui leur fit perdre le jardin de délices. C'était la lampe de Psyché, qui, en éclairant la réalité, fait évanouir le bonheur.

Il chercha à se remettre au point où il était avant son funeste travail. Pourrait-il retrouver la foi perdue, rallumer le flambeau éteint ? Il chercha à prier ; mais son cœur était devenu aride et n'avait plus la faculté de l'élévation vers la divinité.

S'il pouvait oublier tous ces maudits raisonnements qui avaient chez lui glacé le sentiment religieux ?...

Il essaya de s'étoudir, mais en vain. Tout le prestige était détruit à jamais. Il voyait les choses sous leur vrai jour. Toutes les cérémonies du culte lui faisaient pitié, les dogmes n'étaient que des fables déraisonnables.

Cependant il était toujours prêtre et curé d'une paroisse, c'est-à-dire ayant charge d'âmes. Comment pourrait-il continuer de remplir son office ? Oh ! ce fut là pour lui le sujet d'une horrible anxiété.

XX.

Quand il revit le chevalier, celui-ci lui demanda où il en était de ses recherches. Gabriel était fort embarrassé. Il ne pouvait souffrir le mensonge. Lui avouer tout, c'était impossible. Il balbutia quelques paroles sans suite. Ligeac qui n'était pas astreint à la même retenue, lui déclara que, plus il examinait, moins il croyait, et qu'il regardait sa foi comme bien compromise. Gabriel répondit d'une manière évasive. Tant qu'il n'aurait pas pris un parti décisif, il se crut obligé de remplir son ministère comme par le passé. Il dit donc la messe au château, il confessa, il administra la communion. Ce qui lui causa le plus d'embarras, ce fut la confession de Julie. Il n'osait lui avouer le changement qui s'était opéré en lui, et cependant il lui répugnait de jouer vis-à-vis d'elle un rôle hypocrite, de lui débiter un sermon sans y croire. Il se tira d'affaire par quelques phrases sentimentales. Si sa foi était éteinte, son amour n'était que plus vif. Il entrevoyait même, la possibilité, par une renonciation au ministère ecclésiastique, de reconquérir sa liberté et d'épouser celle qu'il aimait. Ce n'était là qu'un espoir vague, mais qui déjà lui inspirait de l'énergie et donnait à sa parole une véhémence inusitée. Il aimait, même quand l'espérance eût dû s'évanouir, et uniquement pour le bonheur d'aimer. Elle était toujours aussi tendre, aussi dévouée.

Il se trouva dans une cruelle irrésolution. Une fois affermi dans son incrédulité et certain de ne plus revenir sur ses pas, il ne pouvait rester prêtre. Mais comment sortir de la prison où il s'était claquemuré?.... Donner sa démission, quitter la soutane, rentrer dans la vie civile, ce serait une esclandre effroyable. Il encourait la malédiction de tout le monde, surtout de ses parents qui le regarderaient comme un vil apostat. Cependant il lui était impossible d'enseigner une religion à laquelle il ne croyait plus; ce serait descendre au rôle d'imposteur, de sycophante. Il avait besoin d'un conseiller : mais où le trouver? Les ecclésiastiques auxquels il se confierait, n'auraient pour lui que des paroles de haine et de réprobation. A force de chercher, il se rappela un ancien condisciple du séminaire, nommé Bélouin, qui lui avait paru plein de bonté et d'indulgence et qui était doué d'un excellent jugement. Cet ecclésiastique était chargé d'une cure à six lieues de La Tribouillére. Gabriel crut avoir trouvé dans ce camarade d'études le guide qui lui était nécessaire.

Il alla le trouver, Bélouin fut charmé de le revoir après une longue absence et l'embrassa cordialement. Après qu'ils eurent échangé quelques propos dans lesquels ils rappelèrent leurs souvenirs d'enfance, Gabriel aborda le sujet de sa visite. Il raconta sa vie et avoua franchement que, d'après le résultat de ses re-recherches, il était devenu incrédule. Il voulait abandonner une carrière dans laquelle il ne pouvait plus rendre aucun service et où sa conscience lui interdisait de rester ; mais il cherchait un expédient, une transition.

Bélouin, après avoir entendu son récit, lui sauta au col et l'embrassa.. « Enfin, s'écria-t-il, j'en ai donc trouvé un. Eh ! Mon cher Gabriel, il y a long-temps que je suis au même point que toi. Je n'avais personne avec qui je pûsse m'épancher. Mais je suis heureux de pouvoir t'ouvrir mon cœur. J'ai passé par les mêmes épreuves que toi, et je suis arrivé plus tôt aux mêmes conclusions. Depuis que je suis désabusé, je suis condamné à porter sans cesse un masque qui me pèse ; je subis une contrainte de tous les instants ; j'accomplis des rites dont je me moque intérieurement ; je prêche des choses dont je ne crois pas un mot. Tout cela est très-pénible et très-humiliant . J'en suis réduit à me mépriser moi-même. Mais, que veux-tu ? Je suis bien obligé de subir mon joug. L'état de prêtre n'est pas comme un autre. On y est rivé à perpétuité. C'est une robe de Nessus, qu'on ne peut arracher qu'avec la vie.

« — Que dis-tu là, répondit Gabriel ? Ne pouvons-nous pas renoncer à l'état ecclésiastique, nous faire laïques et vivre de la vie ordinaire ?

« — Malheureux ! Peux-tu bien te croire une telle faculté ? Quand un prêtre abandonne son ministère, tout le clergé lui jette la pierre. On lui pardonnerait d'être dépravé, sans mœurs, sans probité. Mais on ne lui pardonne pas de se défroquer. Le mot d'ordre est donné pour lancer contre lui les insinuations les plus odieuses. Les dévots ne peuvent admettre qu'un prêtre arrive par le raisonnement à ne plus croire. Mais on expliquera sa résolution par les motifs les plus honteux. On donnera à entendre que par son inconduite il avait encouru la censure et qu'il a prévenu la révocation inévitable en se retirant volontairement. On l'accusera sournoisement des méfaits les plus odieux, et il lui sera impossible, ni de répondre ni de se justifier. Toutes les carrières lui seront fermées; s'il se présente pour un emploi, les cafards le desserviront et le feront échouer. On lui interdira tous les moyens d'existence. On accumulera contre lui toutes les avanies. On le fera mourir de faim.

« — Tu m'effrayes, dit Gabriel. Je ne suis pas plus riche que toi. Et, si je quitte ma cure, je n'ai que la misère en perspective. Comment t'es-tu tiré de cette difficulté ?

« — Je fais de nécessité vertu ; je reste à regret, mais j'obéis à la fatalité. Je sais que je fais un métier honteux ; j'enseigne, moyennant salaire, des erreurs que je déplore. Je ne sortirais de cet enfer que si je trouvais une position. Oh ! je ne suis pas difficile. Qu'on me donne un emploi quelconque ; je l'accepterai avec joie. Je trouverais plus honorable d'être balayeur des rues, que d'être prêtre incrédule.

« — Cependant il y a des auteurs en renom, qui ont exalté cette position. Le fameux *vicaire savoyard* de J.-J. Rousseau est incrédule ; il se complaît dans ses fonctions qu'il exerce sans avoir la foi ; il se pavane, se pose comme un modèle de vertu. M. Renan, dans sa préface des *Apôtres*, entonne le même dithyrambe en l'honneur des prêtres incrédules, qu'il dépeint comme les favoris de Dieu.

« — Ce sont là de misérables sophismes, des jeux d'esprit. On ne peut transiger avec la morale. Il n'y a pas de vertu sans sincérité. La vie d'un prêtre incrédule est un mensonge continuel. J'ai beau faire des efforts pour ne mettre dans mes sermons que des enseignements moraux, indépendants de tout dogme. Je mens quand j'enseigne le catéchisme aux enfants ; je mens quand je prononce les paroles sacramentelles, que je regarde comme de vaines formules ; je mens quand je donne l'absolution, quand j'administre la communion ; je mens même par l'habit que je porte. Je suis le mensonge vivant. J'ai honte de moi-même. Mais il faut vivre ; c'est là mon excuse. De plus, je déplore mon abaissement, je désire me relever. C'est là ce qui fait que je ne suis pas indigne de pitié.

« — Crois-tu, dit Gabriel, qu'il y ait beaucoup de prêtres incrédules ?

« — Il est bien difficile d'en connaître le nombre. Car ceux qui sont dans ce cas, s'étudient à cacher à tous les regards l'état de leur conscience. S'ils étaient seulement soupçonnés, ils s'exposeraient à toutes les rigueurs de la discipline. Je sais qu'ils sont nombreux. La plupart s'endurcissent dans l'hypocrisie, se moquent intérieurement de leurs dupes et ne voient dans la religion qu'une exploitation. Ils ont contracté une telle habitude du mensonge, qu'ils le pratiquent avec aisance et sans remords. Ce sont là les plus dangereux et les plus immoraux. Ce sont aussi les plus impitoyables contre les faiblesses de leurs confrères. Mais il y en a qui, engagés imprudemment dans l'état ecclésiastique, sont désabusés, désillusionnés, et qui gémissent de la contrainte à laquelle ils sont condamnés. Ceux-là sont à plaindre. Si l'on pouvait leur procurer les moyens de se rendre utiles dans une profession quelconque, on leur rendrait un grand service, et en même temps on préparerait un progrès social. Mais le clergé fait tout ce qu'il peut pour rendre le vœu irrévocable. Il ne veut pas qu'un ecclésiastique puisse entrevoir la possibilité de son affranchissement.

« — Ah ! Tu me désoles. Je m'étais cependant figuré qu'un prêtre démissionnaire redevenait citoyen et pouvait même se marier.

« — Se marier ! Plusieurs l'ont tenté. Ils ont eu contre eux le pouvoir civil, aussi bien que les autorités ecclésiastiques. Le clergé a la main partout. La police et les tribunaux sont à leur dévotion. Et d'ailleurs quelle est donc la femme qui voudrait épouser un prêtre ? Le clergé ameuterait contre elle l'opinion publique. Elle serait tout aussitôt déshonorée. Les libres-penseurs qui devraient être nos auxiliaires, nous tendre une main secourable, font cause commune avec nos ennemis. Ils ne nous pardonnent pas notre pensée, quoique désavouée. Ils nous repoussent de leurs rangs, ils s'associent au préjugé odieux qui fait de nous des ilotes.

« — Oh ! mon Dieu ! s'écria douloureusement Gabriel. Que devenir ? Que me conseilles-tu ?

« — C'est bien difficile. Je t'ai fait ma confession. Je t'ai exposé les vices de ma position. Il n'y a pas de quoi t'encourager à suivre mon exemple. Trouve, si tu peux, quelque chose de mieux. Je te le souhaite. Pour moi. Je suis résigné. Mon existence est à jamais empoisonnée. »

Gabriel, ému de compassion, lui serra affectueusement la main, l'encouragea à ne pas désespérer de l'avenir, et rentra à son presbytère. Provisoirement, il faisait comme son camarade ; il pratiquait, et ostensiblement il n'y avait rien de changé chez lui. Mais, dans sa pensée, ce n'était là qu'un état précaire dont il avait hâte de sortir.

XXI.

Il passa toute la nuit en réflexions sur sa situation. Il se rappela les prêtres célèbres qui étaient sortis de l'orthodoxie, et il cherchait si leur conduite pouvait lui servir de règle. Les uns, comme Luther et Calvin, ont créé ou adopté des hérésies : mais, être hérétique, c'est conserver encore une partie des croyances ; pour les professer et en être le ministre, il faut avoir une foi ; et Gabriel rejetait intérieurement la totalité du christianisme ; il ne pouvait donc pas plus être pasteur protestant que ministre catholique. D'autres, plus réservés, comme Châtel et Ronge, ont fondé des espèces de schismes en prétendant rester catholiques et en maintenant la majeure partie du cérémonial extérieur, c'est-à-dire ce qui frappe les yeux du vulgaire et ce qui pour lui constitue en réalité le catholicisme. Mais ces soi-disant schismes ne sont au fond que des hérésies ; ce sont même des plagiats des hérésies anciennes. Le fameux curé Meslier, qui aurait pu servir de type au *vicaire savoyard*, garda, quoiqu'incrédule, sa cure pendant toute sa vie, sauva les apparences, et ne fit connaître au monde son incrédulité que par son livre publié après sa mort. Mais cet homme, si imprudemment vanté par les philosophes du dernier siècle, n'était qu'un hypocrite et un couard : il se réservait tous les bénéfices d'une religion qu'il trahissait intérieurement, et il n'avait besoin ni de courage ni de désintéressement pour élaborer en secret une protestation posthume. Il y a enfin les prêtres qui ont hautement abandonné la religion à laquelle ils avaient cessé de croire, et ont même publié les motifs qui avaient déterminé leur changement appelé conversion par les uns et apostasie par les autres. Tels ont été l'illustre La Mennais, et plus récemment Esmanjart auteur d'un livre intitulé *La lettre tue, mais l'esprit vivifie.* Ces derniers ont agi honnêtement, ont suivi l'inspiration de leur conscience ; et, malgré les diatribes du parti clérical, eux seuls méritent l'estime publique.

Il résolut de suivre leur exemple, quoiqu'il pût lui en coûter, quelques rudes sacrifices qu'il y eût à s'imposer.

Il arrêta son plan. Avant d'adresser officiellement sa démission à l'évêque, il voulut prendre congé de la comtesse, des autres habitants du château, et surtout de Julie à laquelle il ne cessait de penser, et dont il craignait de briser le cœur.

De bon matin, il fit dire au sacristain, qu'il n'y aurait pas de messe ce jour-là. Ce fut le commencement de son abdication. Il prit le chemin du château, dans l'espoir de pouvoir se trouver avec Julie, avant que la comtesse fût levée. Il rencontra en chemin le chevalier de Ligeac qui vint à lui.

« J'allais vous voir, lui dit-il ; je désirais beaucoup m'entretenir avec vous du résultat de mes recherches.

« — Je ne demande pas mieux, repondit le curé. Mais je vous prie de commencer. Je vous parlerai ensuite du fruit de mes études.

« — Volontiers, reprit le chevalier. Eh bien j'ai pioché rudement. J'ai compulsé beaucoup d'ouvrages, j'ai médité, j'ai appliqué toutes les forces de mon intelligence. J'étais sans parti-pris, je n'avais pour but que de connaître la vérité. Je crois l'avoir trouvée. Mes croyances n'avaient rien de raisonné, elles étaient le résultat de mon éducation. J'avais cru sur parole mes parents et mes maîtres, j'avais adopté de confiance tout ce qu'ils m'avaient affirmé. Mais leur autorité ne pouvait enchaîner ma raison qui seule doit être mon guide. Elle me dit qu'on ne doit rien croire sans motifs suffisants. Je me suis donc mis à l'examen. J'ai reconnu que le christianisme ne pouvait résister à une investigation sérieuse et qu'il en était de même de toutes les religions se disant révélées. Toutes ont la prétention de présenter aux hommes une loi promulguée par Dieu : aucune ne peut justifier de cette intervention surnaturelle. Les moyens par lesquels Dieu est censé s'être manifesté, sont tous chimériques. Le miracle est impossible : car, si étonnant que soit un fait quelconque, nous ne pouvons affirmer qu'il soit contraire aux lois de la nature, puisque nous sommes loin de les connaître toutes et que ce fait peut être le résultat de lois inconnues de nous. D'ailleurs, les religions révélées assurent qu'en dehors de l'humanité, il existe des êtres finis, capables d'agir sur la nature et de produire des faits qui nous semblent inexplicables et qui cependant ne seraient pas plus surnaturels que ceux que nous produisons nous-mêmes. Parmi ces êtres surhumains, le christianisme en admet de mauvais qui seraient doués d'une puissance prodigieuse. Tout fait réputé miraculeux pourrait donc être dû à ces esprits supérieurs, soit aux bons, soit aux mauvais. Et, dans l'impossibilité où nous sommes d'en discerner l'origine, on ne peut s'en servir pour étayer une doctrine quelconque ; ces esprits hypothétiques pouvant aussi bien servir l'erreur que la vérité, le mal que le bien. — L'authenticité des livres de l'Ancien et du Nouveau Testament est fortement contestée et me paraît plus que douteuse : il faudrait qu'elle fût prouvée de la manière la plus claire, la plus irréfutable, pour que sur cette authenticité nous pûssions fonder la vérité des faits qui y sont racontés et l'exactitude des discours qui y sont consignés. Nous n'avons donc pas la certitude, ni que les faits qui composent la vie de Jésus-Christ soient historiques, ni que ses discours et son enseignement nous aient été fidèlement transmis. Et, même en admettant l'authenticité des évangiles, leurs auteurs n'ayant que très-tardivement rédigé leurs écrits, nous n'avons pas de garantie de leur scrupuleuse fidélité à transcrire des discours tenus, 20 ou 70 ans auparavant. Mille causes ont pu même, étant supposée leur bonne foi, contribuer à introduire des additions et des altérations ; d'autant plus qu'un changement de quelques mots suffit, en pareille matière, pour dénaturer toute une doctrine. — Les discours attribués à Jésus étant suspects, nous ne pouvons reconnaître aucune valeur aux textes où l'Église a prétendu trouver le principe de son autorité. Les préceptes qu'on donne comme étant de Jésus, peuvent avoir été supposés. Nous ne pouvons les accepter qu'autant qu'ils sont conformes à ce qu'enseigne la raison ;

et alors ce sera au même titre que tout ce que nous ont laissé les philosophes de l'antiquité. Il n'y a rien de divin. Aucun homme, aucune collection d'hommes n'a droit de se dire dépositaire d'un pouvoir divin, ni de parler au nom de Dieu. — Quant aux dogmes particuliers du catholicisme, leur fausseté me semble parfaitement démontrée. La morale chrétienne, beaucoup trop vantée, contient des préceptes funestes et anti-sociaux, telle que la condamnation de la prévoyance et du travail (1), l'obligation de haïr son père, sa mère, sa femme et ses enfants (2), le commandement de tendre la joue gauche à celui qui vous frappe sur la joue droite (3) etc. — Le culte est rempli de cérémonies superstitieuses, tout aussi vaines et aussi grossières que celles des anciens paganismes. — En résumé, je suis arrivé à une conviction ferme et raisonnée. Je ne suis plus chrétien. Excusez ma franchise. Je sais que vous êtes un homme de bon sens et que le langage de la sincérité ne peut vous offenser. »

Gabriel lui tendit la main. « Cher Monsieur, lui dit-il, je vous félicite d'autant mieux que, de mon

(1) Mat. VI, 19, 20, 25, 26, 28-32.
(2) Luc, XIV, 26.
(3) Mat. V. 39-41.

côté, les mêmes recherches m'ont amené aux mêmes conclusions. Mais, hélas! les conséquences sont loin d'être les mêmes pour nous deux. Vous êtes libre, riche ou du moins destiné à l'être; vous pouvez faire ce que vous voulez, aucun lien ne vous retient, aucune autorité ne peut comprimer vos mouvements. Moi, au contraire, je suis un malheureux serf, attaché à la glèbe ecclésiastique. Étant devenu incrédule, ma conscience me défend d'occuper plus longtemps mon emploi. L'honneur m'ordonne de rompre avec le clergé. Dans quel abîme de maux vais-je tomber! A quelles inimitiés serai-je exposé! En faisant mon devoir, je n'aurai en perspective que l'opprobre et la misère. Opprobre immérité, sans doute. Mais de quelle force d'âme j'aurai besoin pour braver les outrages, les malédictions qui vont pleuvoir sur moi! Je suis sans moyens d'existence, sans ressource, sans protecteur... Pourrez-vous m'aider à trouver un modeste emploi qui me procure le strict nécessaire? »

Le chevalier fut touché de sa détresse imminente. Il applaudit vivement à sa résolution, dictée par les sentiments les plus généreux, et il promit de faire tout son possible pour le placer.

XXII.

Ils arrivèrent ensemble au château. Ce n'était pas le jour de la messe et des confessions. Gabriel chercha Julie; et, étant parvenu à la rencontrer, il put lui glisser en cachette deux mots à l'oreille : « Venez aujourd'hui vous confesser. »

Quelques instants après, elle alla dans la chambre destinée à ces exercices. Gabriel l'y attendait. Elle se mit à genoux, suivant l'usage. Mais il s'empressa de la relever. « C'est à moi, lui dit il, à me mettre à genoux devant vous. Je ne suis pas aujourd'hui votre confesseur, et je ne le serai plus désormais. Je dois me prosterner devant vous pour vous demander à mon tour un pardon; car j'ai besoin de votre indulgence. Je vous ai trompée. Depuis quelque temps, j'ai cessé de croire à la religion dont je suis ministre. J'aurais dû immédiatement quitter mes fonctions. Mais de grands obstacles m'empêchaient d'exécuter une résolution aussi importante. Et, en outre, je dois vous l'avouer, je trouvais tant de charmes dans vos entretiens, que je ne pouvais me résoudre à y renoncer. Ce n'est qu'ici que j'avais le bonheur de vous voir en tête-à-tête, de vous contempler, d'entendre le son de votre voix, de vous parler des tendres sentiments que j'éprouve pour vous. Je vais être privé de ce trésor. Je suis obligé de vous quitter. Je ne suis plus prêtre. Non-seulement je ne puis confesser personne, mais le séjour de ce château me sera interdit. Je vais, dans quelques instants, expliquer ma situation à la comtesse qui certainement va me bannir de sa présence comme un être immonde. Toutes les personnes de son entourage feront chorus avec elle. Et vous, chère Julie, vous que j'aime passionnément, aurais-je aussi la douleur de vous compter parmi mes ennemis ? Conserverez-vous quelque affection pour l'infortuné qui ne respire que pour vous, qui voudrait vous consacrer sa vie entière ? »

Julie fut toute interdite en entendant une révélation aussi étrange. Elle ne pouvait croire à la réalité d'une telle métamorphose. Ses sentiments chrétiens étaient froissés. Répudier la religion, lui paraissait une imposibilité. Elle avait entendu parler des révolutionnaires qui, en 93, avaient profané les églises, violé les sanctuaires et les tombeaux, égorgé les prêtres ; c'était dans cette horde affreuse de sacriléges et de barbares, qu'elle classait tous ceux qui se retranchaient de la communion de l'Église. Elle ne comprenait pas que l'homme qu'elle aimait plus qu'elle ne se l'avouait à elle-même, ait pu s'associer à de pareils monstres.

Elle éprouvait un remords à la pensée d'avoir été en communion avec lui. Sa figure exprima une immense tristesse, et elle ne put proférer d'une voix faible que le mot *apostat*.

Gabriel releva cette injure. « On n'est pas apostat, lui dit-il, quand on se détache d'une doctrine dont on a reconnu la fausseté. On serait coupable, au contraire, si, malgré le changement de conviction, on professsait ostensiblement une religion à laquelle on ne croit pas. Un changement consciencieux est légigime. Les apôtres, qui de juifs se sont fait chrétiens, étaient-ils des apostats. Non, ils ont usé de leur droit de libre examen. Il en est de même de ceux qui de chrétiens se font juifs ou... libres penseurs? Mais pourquoi, entre nous discuter des questions de théologie? Je n'ai plus que peu d'instants à passer auprès de vous; sachons en profiter. Je vous aime, je vous adore. N'étant plus prêtre, je redeviens libre. Conservez-moi cette affection dont j'ai cru trouver l'expression. Dès que les circonstances le permettront, nous pourrons nous épouser. Nous braverons de vains préjugés. La différence de croyances ne sera pas une barrière entre nous. Quand nos cœurs sont unis, peu importe la divergence sur des matières impénétrables. Avant de nous quitter, daignez m'accorder un mot d'encouragement. Au moment où je vais être maudit de tous, soyez seule à m'aimer. Que je puisse emporter cette consolation que vous penserez à moi, que vous serez mon étoile polaire, mon phare lumineux au milieux de la tempête. Soyez la providence du pauvre proscrit. »

Julie s'attendrit et versa des larmes; son amour fut plus fort que ses scrupules de dévote. Elle tendit la main à Gabriel qui la pressa avec joie et y déposa un long baiser. Il se promirent d'être fidèles l'un à l'autre, de s'écrire le plus souvent possible, et d'attendre, pour se revoir, des temps meilleurs.

Il se rendit de là chez la comtesse. Il avait sujet de redouter cette visite. Il commença par la remercier de toutes les bontés qu'elle avait eues pour lui et de la confiance qu'elle lui avait témoignée. Il ajouta qu'à son grand regret il allait être forcé de s'éloigner d'elle.

Cette nouvelle la contraria vivement. Elle était habituée au service de son aumônier, et elle en était extrêmement satisfaite.

« — Quoi, dit elle, vous passez à une autre cure? On a rendu justice à votre mérite.

« — Non, madame, répondit-il. Je quitte le ministère ecclésiastique. Je ne suis plus prêtre.

« — Plus prêtre ! Mais c'est impossible. C'est un caractère ineffaçable.

« — Il y a plus, madame. Je me retranche de l'Église catholique.

« — Oh ! Je rêve. Vous ne vous faites pas protestant ?

« — Non, madame.

« — Juif ?

« — Pas d'avantage.

« — Musulman ?

« — Nullement.

« — Mais alors que devenez-vous ? A moins d'être païen. . . .

« — Je suis libre-penseur.

« — Libre-penseur ! Mais vous êtes fou. Comment, vous mettre avec les solidaires, les francs-maçons, des gens qui renient Dieu, qui vivent comme des chiens !

« — Je ne renie pas Dieu; mais je ne reconnais à personne le droit de commander en son nom. Je rejette toutes les révélations, parce que mes méditations m'en ont démontré la fausseté. Ce n'est pas vivre en chien, que de se conduire suivant les lumières de la raison. Vous ne vous abstenez pas des viandes de porc, de lièvre et de lapin, vous vous écartez en cela de la loi des Juifs, et cependant l'on ne peut dire que vous vous faites semblable aux chiens qui ne se font aucun scrupule de manger ces mets. Vous ne vous abstenez pas de vin, comme le prescrit la loi de Mahomet ; vous avez cela de commun avec les chiens civilisés qu'on a élevés à boire du vin, et avec les singes. Et pourtant ce serait vous faire injure, que de prétendre que vous vivez comme les chiens.

« — Ta ta ta ta. Je vous dis que celui qui n'a pas de religion, est pire qu'un chien, pire qu'un voleur et un assassin.

« — Madame, je ne puis accepter la discussion sur un pareil terrain. Je ne cherche nullement à ébranler votre foi. Il m'en coûte de froisser vos sentiments religieux. Mais j'ai dû vous faire connaître les motifs de mon départ.

« — Quelle horrible chute ! Et moi qui vous croyais si pieux, si fervent... Mais alors vous nous trompiez, vous abusiez de notre bonne foi.

« — Non, madame. Quand j'ai exercé mon ministère auprès de vous, j'étais sincèrement attaché à la religion dont j'étais l'interprète. Je suis incapable de mensonge. Et c'est parce que je suis consciencieux, que j'ai abandonné des fonctions incompatibles avec mes convictions actuelles.

« — Et quand s'est opérée cette métamorphose?

« — Elle n'a pas été subite. J'ai examiné, comme c'était mon droit et mon devoir. J'ai eu d'abord des doutes, des hésitations. J'ai éprouvé des déchirements intérieurs, j'ai résisté. Et enfin la lumière s'est faite pour moi. Et c'est depuis fort peu de jours, que je suis arrivé à la certitude.

« — Mais, pendant tout cet embrouillement de vos idées, vous nous administriez les sacrements, vous m'avez donnez l'absolution, la communion. Ah! Mon Dieu, tout cela est nul, conféré par un renégat, un suppôt de Satan.

« — Rassurez-vous, madame. L'Église a décidé que le sacrement est valable, quel que soit l'état de la conscience du prêtre qui l'administre, pourvu qu'il ait l'intention de faire ce que l'Église fait. Or, je vous certifie que cette intention ne m'a jamais fait dé-faut.

« — Oh! Je ne m'en rapporte pas à vous. Celui qui trahit son Dieu, est capable de tout. Vous êtes en état de nous avoir tous endiablés. Miséricorde! au secours! »

Deux laquais arrivèrent à ses cris.

« Loin d'ici, dit-elle avec force, ce damné, cet in-fâme solidaire! Courez vite me chercher un vrai prêtre

qui remette ma conscience en bon état, qui me lave
des souillures communiquées par cet impie. »

Gabriel se retira, au milieu des huées de la vale-
taille. Tous les gens le poursuivaient de leurs vocifé-
rations, de leurs gestes menaçants.

C'était le premier degré de son calvaire.

Rentré chez lui, il écrivit à l'évêque une lettre
très-brève, par laquelle il donnait sa démission et
déclarait renoncer aux fonctions ecclésiastiques, ajoutant que dès ce moment ils s'abstiendrait de tous les
actes de son ministère.

Il songea ensuite à mettre ordre à ses affaires. Il
fallait quitter le presbytère. Mais il devait rester quelques jours dans le voisinage, pour assister à l'inventaire qui serait fait du mobilier lors de la prise de
possession de son successeur. Il fit un paquet de ses
hardes et effets, il se rendit dans une mauvaise auberge,
seul endroit où il pût trouver un refuge. Il y vécut fort
retiré, attendant le jour où il lui serait permis de
quitter la commune. Il ne pouvait plus porter l'habit ecclésiastique : mais il n'avait pas de vêtements
laïques. Provisoirement, il mit une soutanelle, sorte
de petite soutane qui ne descend que jusqu'aux genoux;
n'ayant pas de rabat, portant le chapeau rond, il avait
l'air d'un ecclésiastique en voyage, et personne ne

10

pouvait l'inquiéter, comme l'ont été les curés inter-
dits du diocèse de Bordeaux.

XXIII.

Quand sa lettre arriva à l'évêché, elle ne causa aucun étonnement, vu que, depuis la visite qu'il y avait
faite pour s'entretenir avec l'évêque, il était l'objet
d'une surveillance continuelle. La police épiscopale
était au courant de toutes ses démarches ; quelques
fragments de ses conversations avaient été saisis au
passage et rapportés ; on s'était même procuré des
extraits de ses papiers qu'il avait laissés sur son bureau, sans précaution. On savait notamment qu'il
avait causé longuement avec le chevalier, que leur
conversation avait roulé sur la religion, et que tous
deux penchaient vers l'incrédulité.

L'évêque s'empressa de nommer un curé à sa place,
et il crut l'occasion favorable pour reprendre ses projets sur la succession de la comtesse. Il lui fallait un
homme habile. Il confia cette mission à l'abbé Legrand
auquel il conféra le titre d'archidiacre et qui en cette
qualité fut chargé d'installer le nouveau curé.

Les deux prêtres arrivèrent ensemble au presbytère dont ils prirent possession. Gabriel fut invité à

venir procéder avec eux, en présence du conseil de fabrique, à l'inventaire du mobilier. Après quoi, Legrand prit en particulier Gabriel et le pria de déduire les motifs de sa démission. Il les connaissait d'avance ; mais il tenait à avoir une déclaration formelle. L'explication fut des plus concises. Gabriel déclara qu'il n'avait plus la foi.

« — Ainsi, dit Legrand, vous n'êtes plus catholique.

« — Non ! répondit Gabriel.

« — Ni chrétien.

« — Non.

« — Vous reniez Dieu.

« — Je n'ai pas dit cela. En dehors du christianisme, Je réserve ma liberté de conscience.

« — Enfin vous reniez Jésus-Christ et sa sainte Église. Vous vous retranchez de la communion des fidèles. Il suffit. »

Gabriel le quitta et sortit du presbytère. Il aurait désiré pouvoir s'éloigner, le jour même, de la commune. Mais la voiture qu'il attendait pour le conduire au chef-lieu, ne devait venir le prendre que le lendemain ; il pleuvait à torrents. Il fut donc forcé de différer son départ de vingt-quatre heures.

Legrand profita de cette circonstance pour monter une scène à effet. Il fit sonner la cloche pour réunir les habitants. Le bruit se répandit promptement qu'il s'agissait d'installer le nouveau curé. Tout le monde accourut, malgré le mauvais temps. La curiosité était pour quelque chose dans cette affluence. Quand l'église fut pleine, Legrand, comme délégué de l'évêque, procéda, suivant le rituel, à l'installation du nouveau curé. Puis il monta en chaire.

Il fit en termes pompeux l'éloge du pasteur qui venait prendre la direction de la paroisse, et de l'évêque qui, avec son discernement ordinaire, avait su distinguer le mérite d'un si bon prêtre. Ce n'était là qu'une entrée en matière. Il prit ensuite un ton lugubre, et, d'une voix sépulcrale, il déclara que l'Église avait à déplorer un grand malheur : car un de ses ministres venait de passer dans le camp de ses ennemis. «Au mépris de ses serments, il quittait le troupeau des fils de Dieu, pour devenir un fils de Bélial, pour servir la cause de l'enfer. Ce misérable venait tout à l'heure de renier le Christ son sauveur, de blasphémer contre la foi; il foulait aux pieds les sacrements dont il avait été le dispensateur, il renonçait à la grâce du baptême. S'il quitte ainsi la loi sainte, c'est qu'il veut se livrer tout à son aise au dévergondage des passions; il ne veut plus de frein, il secoue le joug salutaire de la religion, afin de se jeter dans le bourbier du vice. »

Il continua sur ce ton, il dépeignit Gabriel sous les plus noires couleurs, fit de lui un monstre de scélératesse. Il le compara à Judas Iscariote et à Julien l'apostat. Il termina en déclarant que l'Église, toujours prête à bénir et à pardonner, est obligée de déployer une juste sévérité contre les enfants de perdition. En conséquence, elle maudit ceux qui s'éloignent d'elle pour répandre le poison de l'incrédulité, pour égarer et corrompre les populations. Il annonça qu'il allait fulminer contre le coupable la sentence d'anathème.

Il récita la terrible formule (1) : à la fin de chaque verset, il prononçait le mot *Maranatha*. Cette parole bizarre et cabalistique, jetait l'effroi dans l'auditoire qui répondait en chœur : Maudit, maudit, maudit!

Quand il eût terminé, il jetta à terre le cierge allumé qu'il avait tenu à la main, le foula aux pieds en s'écriant : « Qu'ainsi s'éteignent la lumière et la vie des ennemis de Dieu! »

Les paroissiens, en sortant de l'église, étaient sai-

(1) Voyez cette formule dans mon livre intitulé *Le prêtre et le sorcier*, p. 239 et suiv.

sis d'horreur, ivres de fanatisme. S'ils avaient rencontré Gabriel, ils l'auraient traité comme un chien enragé. Les plus exaltés firent la garde devant l'auberge et l'attendirent toute la nuit. Le lendemain, de bon matin, la voiture s'arrêta à la porte. Quand on le vit monter, tenant à la main son léger bagage, ce fut une explosion de hurlements, de cris sauvages. On lui jeta des pierres, de la boue. On continua de l'invectiver tant qu'on aperçut la voiture qui s'éloignait au petit trot.

Gabriel fut navré de ces démonstrations haineuses. Pendant les deux ans qu'il avait administré sa paroisse, il s'était montré, pour tout le monde, bon et obligeant, il avait toujours cherché à rendre service, il avait soulagé les pauvres, consolé les affligés, il n'avait jamais eu de mauvaise parole pour qui que ce fût; il ne se connaissait pas un ennemi. Et c'était ainsi qu'on le récompensait! Parmi les forcenés qui l'avaient insulté, il avait reconnu des individus avec lesquels il avait eu les relations les plus amicales. Pour amener une telle transformation, il avait suffi de la parole d'un homme qui se disait le représentant de Dieu. C'est ainsi qu'on se servait de la religion pour fanatiser les hommes, pour les enflammer d'une haine féroce et pour les pousser au crime. Il aurait fallu bien peu de chose pour que cette bande furieuse se jetât sur lui et attentât à sa vie. C'est ainsi, se disait-il, que les prêtres ligueurs ont amené la Saint-Barthélemy. Hélas! L'ignorance des masses les met à la merci d'un énergumène ou d'un fourbe. A quoi ont donc servi les travaux des philosophes qui ont cherché à éclairer, à moraliser l'humanité? Quand parviendra-t-on à guérir les classes inférieures de la lèpre de la superstition?...

Si seulement l'instigateur de ces scènes hideuses avait pour excuse l'ardeur de ses convictions! Mais, non; ce Legrand n'est qu'un misérable fourbe, qui ne se sert de la religion que pour satisfaire son ambition et sa cupidité...

Plongé dans ces tristes réflexions, il cheminait vers la ville. Avant de l'y rejoindre, nous devons raconter ce qui se passait au château.

XXIV.

Legrand se présenta chez la comtesse de la part de Monseigneur l'évêque. Il fut pour elle obséquieux, prodigue d'éloges. Monseigneur, disait-il, connaissait sa piété, sa bienfaisance, et il serait heureux de venir prochainement lui présenter ses hommages.

La comtesse, flattée d'un tel honneur, offrit à Legrand l'hospitalité au château. Il ne se fit pas prier pour accepter. Il avait ses instructions, et il était intéressé à les accomplir ; car, en cas de succès, il avait la promesse de devenir grand-vicaire, et alors il n'aurait plus qu'un échelon à franchir pour s'élever jusqu'à l'épiscopat ; il se voyait déjà mitré, crossé, officiant pontificalement. Avant d'aborder avec la comtesse l'objet de ses négociations, il chercha à se procurer un auxiliaire dans la place. Il eut une entrevue avec Julie sur laquelle il comptait.

Il pensa qu'il fallait d'abord la mettre dans ses intérêts. « Je sais, lui dit-il, que vous servez madame avec un dévouement filial. Elle a pour vous toute la reconnaissance et l'affection que vous méritez. Mais vous devez songer à l'avenir. Madame est âgée. Elle peut mourir d'un jour à l'autre. Ses héritiers n'auront plus besoin de vos services, et vous aurez ainsi consumé votre jeunesse sans avoir rien d'assuré. Madame ne peut manquer de vons faire une position par une donation ou un testatement. »

Il croyait en avoir assez dit. Il avait provoqué une explication. Julie restait silencieuse. L'abbé se décida à la questionner et lui demanda si la comtesse avait fait quelques dispositions en sa faveur.

Julie répondit qu'elle n'en savait rien et qu'elle ne s'en inquiétait pas

« Cependant, mademoiselle, dit l'abbé, la prévoyance est bien permise. Il serait important de sonder les intentions de Madame. Elle possède une fortune considérable. C'est pour elle un devoir d'en faire un bon emploi. Elle devra d'abord rémunérer vos services. Ensuite n'aura-t-elle pas à consacrer une partie de ses richesses à des bonnes œuvres, à des fondations pieuses ?

« — Je ne sais, répondit Julie, ce que Madame se propose de faire. Comme elle ne m'en dit rien, je ne me crois pas autorisée à lui en parler.

« — Une telle démarche de votre part serait très-légitime ; et ce serait même dans son intérêt bien entendu, pour la satisfaction de sa conscience. Il serait doux, pour elle, de penser qu'après sa mort, sa mémoire sera bénie, qu'on priera pour elle. Je vous engage à la préparer adroitement à régler ses affaires. Si vous la décidiez à faire des libéralités envers l'Église, nous vous en serions fort reconnaissants ; et Monseigeur, dont je suis l'interprète, se ferait un plaisir de vous témoigner efficacement toute sa gratitude.

« — Monsieur, je ne suis nullement propre à ces

sortes d'affaires. Le rôle que vous me proposez, ne me convient pas. Je rougirais d'entrer dans une négociation où mes intérêts personnels seraient en jeu. D'ailleurs, Madame aime beaucoup sa famille, et j'ai tout lieu de croire qu'elle ne la déshéritera pas.

» — Vos scrupules vous font honneur ; mais ils sont exagérés. Vous pourriez au moins lui dire quelques mots de la nécessité de faire dire des messes pour le repos de son âme. Et, dès qu'elle aurait compris qu'un testament est indispensable pour régler ces précautions salutaires, elle arriverait tout naturellement à aborder d'autres dispositions.

» — Monsieur, veuillez ne pas insister. Ce sujet me répugne ; et, je dirai plus, vos propositions sont offensantes. »

» —Oh! oh! Il n'y a pourtant rien dans tout cela qui puisse blesser la conscience, et j'espérais vous trouver animée d'intentions plus bienveillantes. Peut-être êtes-vous exposée à perdre les bonnes grâces de Madame ; et notre appui, dans ce cas, pourrait vous être d'un grand secours. »

» — Comment? En quoi ai-je démérité? De quoi suis-je menacée?

«— Vous n'ignorez pas ce qui vient de se passer. Le curé Nitot, qui avait toute la confiance de Mada-

me, vient de la perdre brusquement par son apostasie ; il est devenu pour elle l'objet d'une juste exécra-
tion. »

Julie tressaillit en entendant parler, dans des termes aussi odieux, de l'homme qu'elle aimait.
Elle avait appris la scène de l'anathême et les
traitements barbares des paysans envers celui qu'on
avait signalé à leur animadversion. Plus Gabriel était
malheureux, méconnu, calomnié, plus elle l'aimait ;
les obstacles et les dangers étaient un aliment pour sa
passion. Elle eut assez d'empire sur elle-même pour
cacher ses émotions. Elle ne pouvait, sans se perdre,
prendre le parti de son ami. Elle s'étudia à rester
calme et à paraître indifférente.

« En quoi, dit-elle, ces événements peuvent-ils in-
fluer sur mon sort ? »

« — Vous devez comprendre, répondit l'abbé, que
Madame ayant été désabusée sur le compte d'un homme auquel elle avait donné son estime, est en défiance à l'égard de ceux qu'on peut regarder comme in-
fectés de ses doutes, de ceux qui, ayant eu avec lui
des rapports d'intimité, peuvent être suspects de sym-
pathiser encore avec lui et de le suivre dans son apostasie.

« — Et à qui s'appliquerait cette réprobation ? »

« — Il y a d'abord le chevalier de Ligeac qui a eu l'imprudence de prendre hautement la défense de Gabriel et de déclarer qu'il partageait ses opinions anti-religieuses. Sa tante irritée l'a banni de sa présence ; et il est plus que probable qu'elle va le deshériter.... Quant à vous, je suis obligé d'aborder un sujet délicat, et j'aurais voulu pouvoir l'éviter. Mais, puisque vous m'y forcez, je dois vous dire que je connais vos relations avec Gabriel. »

Julie se leva indignée et lança à l'abbé un regard foudroyant.

« Allons, dit-il d'un ton patelin, soyez tranquille, je serai discret. Je ne demande pas mieux que de garder votre secret. Mais je sais tout.

« — Vous ne savez rien, parce qu'il n'y a rien.

« — Vous voulez en vain vous défendre. Je suis au courant de vos amours. Gabriel a abusé de la confession pour vous séduire. »

Julie était transportée de colère.

Mais l'abbé ne lâchait pas sa victime.

« En deux mots, dit-il d'un ton ferme et sec ; voulez-vous, oui ou non, être avec nous ? Soyez notre alliée, et l'on se taira sur vos amours, on protégera vos intérêts. Sinon, nous sommes quittes envers vous de tous ménagements. Vous aurez voulu la guerre, et vous l'aurez.»

Il salua profondément en laissant percer un souri- re perfide, et la laissa.

Du moment qu'elle était un obstacle à ses desseins, il n'hésita pas à la sacrifier.

XXV.

Il alla trouver Mme de Villeneuve qui était toute bouleversée de ce qui venait de se passer, et qui n'avait pu encore se rassurer sur les dangers que lui avait fait courir le contact d'un renégat. Elle expri- mait bruyamment ses inquiétudes. Cette disposition d'esprit convenait parfaitement aux desseins de Le- grand. Il renchérit encore sur les malédictions contre le misérable qui l'avait trompée. « Ce qui doit nous consoler, dit-il, à la suite de cet événement scanda- leux, c'est que toute notre population a exprimé haute- ment sa piété, son attachement filial à l'Église et sa réprobation contre le ministre prévaricateur qui avait abusé de sa confiance. Les paroissiens étaient tel- lement irrités contre ce perfide, que, sans mon in- tervention pour calmer leur juste fureur, ils lui au- raient infligé un supplice, mérité sans doute, mais que repousse notre mansuétude. Laissons le coupable en proie à ses remords, et prions pour que la miséricorde divine lui inspire le repentir et le ramène au bien. Il était temps d'arrêter ses complots ténébreux. Car, déguisant sa perversité sous les dehors d'une fausse piété, il travaillait à répandre le poison de ses doctrines abominables. Déjà il avait entrainé un de vos neveux qui a eu l'audace de vous faire l'aveu blasphématoire de ses opinions diaboliques. Il avait encore associé d'autres personnes de votre entourage à la guerre qu'il entreprenait contre notre sainte religion.

« — Qui donc, s'écria la comtesse avec anxiété?

« — Hélas! Madame, ce sont des aveux bien pénibles. Mais le soin de votre salut exige que je vous fasse ces communications. Vous avez auprès de vous une jeune personne qui vous a semblé un ange de vertu...

« — Julie?

« — Oui. Elle était la complice du fourbe. Il a abusé de la confession pour lui inculquer ses doctrines funestes; et, pour la perdre sans retour, il n'a pas craint de la séduire au milieu même de l'exercice de son ministère.

« — Quelle infamie! je n'aurais jamais pu croire à tant de noirceurs. Cette demoiselle qui paraissait si pure, si candide, à laquelle on aurait donné le bon

Dieu sans confession.... Du moins, en êtes-vous bien sûr ? »

« — Je suis parfaitement renseigné. Mais vous pouvez l'interroger. Quand même elle ne ferait pas des aveux complets, elle en laissera échapper assez pour que la vérité vous soit acquise. Toutefois, je réclame en sa faveur votre indulgence. Ce n'est pas elle qu'il faut le plus blâmer, c'est l'auteur de sa chute, le serpent tentateur. »

La comtesse était atterrée. Elle aimait tendrement Julie qu'elle regardait comme son enfant; et elle apprenait que ce n'était qu'une hypocrite, une débauchée, et, ce qui est bien pis, une incrédule qui osait se révolter contre Dieu et son Église.

Elle la fit venir; et elle était tellement émue par la colère, qu'elle fut quelque temps avant de pouvoir s'exprimer.

« Eh bien, Mademoiselle, j'en apprends de belles sur votre compte. On me dit que vous étiez d'intelligence avec le curé Nitot, que vous approuvez son apostasie, que vous partagez ses opinions impies. »

« — Madame, on m'a indignement calomniée. Je suis restée attachée à ma religion, et je n'ai rien à me reprocher. »

« — Mais est-il vrai que vous approuvez la conduite de ce mauvais prêtre? »

« — Je n'ai pas dit un mot en sa faveur. »

« — Enfin, le condamnez-vous? »

« — Il y en a assez qui le condamnent. Je ne suis pas chargée de le juger. »

« — Vous éludez la question. Vous aimez cet homme. »

« — Il est malheureux, je le plains,

« — Mademoiselle, on ne plaint pas les damnés. Les aimer, c'est vouloir partager leur sort... Il vous faisait la cour. »

Julie soumise brutalement à cet interrogatoire de la part d'une femme qui lui avait témoigné une si vive affection, fut profondément affligée. Elle fondit en larmes et ne put rien répondre. Son silence parut un aveu. La comtesse lui lança des regards irrités.

Julie se jeta à ses genoux, la supplia de ne pas croire aux mensonges par lesquels on avait cherché à la déshonorer. Mais dans sa sincérité, elle avait laissé échapper des paroles qui trahissaient ses sentiments pour Gabriel. Il n'en fallut pas davantage pour confirmer la comtesse dans l'opinion défavorable qui lui avait été suggérée par le sournois archidiacre.

Elle déclara à Julie, que tout était rompu entre elles, et qu'elle eût à quitter le château.

L'abbé avait réussi à écarter la seule personne qui pût exercer une influence contraire à la sienne. Il se crut maître de la place.

Le jour même il eut avec la comtesse un nouvel entretien. La conversation tomba naturellement sur la victime qu'il venait de sacrifier. Il affecta pour elle beaucoup de commisération: Il prit un ton doucereux.

« Espérons, dit-il, que cette dure leçon servira à à l'éclairer et à la ramener dans le sentier de la vertu. »

La comtesse se lamenta sur son malheur. Trahie par ceux qu'elle aimait le plus, isolée, n'ayant plus personne à qui elle puisse se confier, que va-t-elle devenir?

« Madame, lui répondit l'abbé, c'est une épreuve que Dieu vous ménageait pour vous faire sentir que vous devez mettre en lui toute votre confiance et ne compter que sur lui. Vous avez toujours vécu dans la pratique des vertus chrétiennes. Vous devez donc être préparée à ces afflictions que Dieu envoye à ses élus pour se les attacher plus étroitement, pour leur rappeler qu'ils ne doivent pas s'appuyer sur les créatures, mais uniquement sur le Créateur. C'est un moyen de vous préparer à couronner dignement une vie consacrée au bien. Par là vous êtes avertie de ne-rien négliger de ce qui peut contribuer à votre salut, de faire en conséquence tout ce qui dépend de vous. L'état de notre âme après la mort doit être fréquemment le sujet des méditations d'un chrétien ; il a à craindre le jugement de Dieu et à se prémunir contre les tourments par lesquels nous aurons à nous purifier, dans une autre vie, des fautes que nous n'aurons pas suffisamment réparées. »

La comtesse écoutait d'un air béat ce petit sermon qui était en parfaite harmonie avec ses pensées habituelles. Cependant elle ne semblait pas venir d'elle-même à la conclusion.

Il fallut que l'abbé fut plus explicite.

« Vous n'ignorez pas, lui dit-il, que, parmi les chrétiens demeurés fidèles à la loi de Dieu, il y en a un grand nombre qui ne sont pas jugés dignes d'entrer immédiatement en possession de la béatitude céleste, et que, pour être admis au rang des élus, ils auront à passer par les terribles épreuves du purgatoire. L'Église nous enseigne que les souffrances qu'on y endure sont affreuses. Mais Dieu, dans sa bonté inépuisable, nous a donné les moyens d'en abréger la durée. »

« — A cet égard, dit la comtesse, je crois avoir fait une ample provision d'indulgences. »

« — Ce serait vous abuser que de vous croire quitte envers Dieu. Sa justice est terrible, et l'on ne peut penser sans frémir au compte rigoureux qu'il nous demandera. Nous lisons dans les Saintes-Écritures, que nous devons faire notre salut avec crainte et trem_ blement. Sans doute, ce sera pour nous un grand secours, que les indulgences acquises par nos bonnes œuvres. Mais n'allez pas croire qu'elles soient suffi santes. Ce serait une coupable présomption, que de se dire qu'on a assez fait pour être quitte envers Dieu. Il reste toujours à faire. Rien n'égale l'efficacité du saint sacrifice de la messe. C'est pour nous un devoir d'en faire célébrer un grand nombre pour les âmes de nos parents et des autres personnes qui nous sont chères. Et nous avons tout intérêt à nous assurer pour nous-mêmes cette précieuse ressource. C'est une précaution qu'on ne saurait prendre avec trop de soin.

« — Oh ! dit la comtesse, je suis certaine que mes parents ne me négligeront pas. »

« — Qui sait, reprit l'abbé ? Compter sur ses hé-

ritiers, c'est livrer sa destinée au hasard de mille événements variables. Et, parmi vos neveux , il y en a
un que vous regardiez comme un modèle de piété;
et vous avez eu par vous-même la preuve que c'est
un monstre d'impiété. J'aime à croire que les autres
valent mieux. Mais vous ne pouvez faire là-dessus que
des conjectures. Il ne seralt pas sage de compter sur
leur générosité. Il faudrait prendre des mesures pour
que vos intentions fussent exactement remplies. Sans
quoi, vous êtes exposée à être oubliée par ceux qui
vous survivront et à être torturée pendant des siècles,
dans les flammes du purgatoire. »

La comtesse eut un frisson et se figura déjà voir les
diables qui allaient la faire rôtir dans le brasier ultra-
mondain. »

« — Que me conseillez-vous de faire, dit-elle à
l'abbé ? »

« — C'est bien simple , répondit-il. Vous pouvez
faire un testament par lequel vous léguerez à une personne sûre une partie de votre fortune , à la charge
de faire dire des messes pour le repos de votre âme.»

« — C'est là une idée lumineuse ; et je me reproche de n'y avoir pas encore pensé. Au fait, pourquoi
n'ai-je pas fait mon testament ? »

« — Il faudra le faire le plus tôt possible. Et par la même occasion, vous pourrez, par de bonnes œuvres, vous créer de nouveaux titres à la bonté de Dieu. Quelle consolation ce sera pour vous, de savoir que même après votre mort, vous continuerez de faire le bien que vous avez commencé, d'assister, du haut du Ciel, aux pieuses fondations que vous aurez établies, de recevoir les bénédictions qui s'élèveront vers vous !... »

« — Quelles fondations pourriez-vous m'indiquer ?

« — Il y en a un grand nombre parmi lesquelles on peut choisir. Par exemple, Monseigneur désire vivement établir, dans son diocèse, un pensionnat dirigé par des jésuites, afin d'élever la jeunesee dans l'amour de la religion. »

« — Et combien cette bonne œuvre coûterait-elle ?

« — Environ un million. »

« — C'est cher. Cependant, ma fortune me permet cette libéralité. Mais cela réduirait beaucoup la part revenant à mes héritiers. »

« — Eh ! Madame, notre véritable famille n'est-ce pas l'Église? Notre Seigneur a dit : Celui qui aime son père, sa mère, sa femme ses enfants, plus que moi, ne peut être mon disciple (1). En consacrant vos biens à Dieu, vous les sanctifiez, et il vous en rendra le centuple dans le Ciel, comme il l'a déclaré (2). Et sa parole ne faillira jamais. »

La bonne dame se laissa convaincre. Le jour même elle écrivit, sous la dictée de l'abbé Legrand, un testament par lequel elle instituait Monseigneur l'évêque pour son légataire universel, déclarant s'en rapporter à lui du soin de faire dire le nombre de messes qu'il jugerait convenable. Elle léguait à ses domestiques des rentes viagères, et à tous ses neveux et nièces, de petites sommes et quelques bijoux. Seulement le chevalier de Ligeac était passé sous silence.

Legrand triomphait. Il était radieux. Il emporta le titre qu'il avait si adroitement obtenu. « Allons, se dit-il, je serai sous peu grand vicaire, et plus tard… quelque chose de mieux. »

XXVI.

Gabriel, en approchant de sa ville natale, était surtout inquiet de l'accueil que lui feraient ses parents. Il leur avait écrit qu'il quittait sa cure et qu'il

(1) Mat. X, 37.
(2) Mat. XIX, 29.

se rendrait prochainement auprès d'eux ; il n'avait rien dit de plus , comptant leur expliquer de vive voix sa situation. Mais la rumeur publique l'avait devancé. Un prêtre devenu incrédule est un objet d'horreur pour le monde dévot qui s'acharne contre lui et s'étudie à lui susciter tous les tracas imaginables et à lui interdire toutes les positions. On avait répandu le bruit que Gabriel avait donné sa démission en alléguant qu'il ne croyait plus à la religion catholique ; on s'était communiqué cette nouvelle de proche en proche ; puis on l'avait rapidement embellie de toutes sortes d'additions ; on disait que , monté en chaire il avait renié Dieu et vomi d'énormes blasphèmes ; d'autres lui faisaient déclarer qu'il n'y avait ni vice ni vertu ni conscience , et qu'on pouvait se permettre tous les crimes. On ajoutait qu'il avait corrompu les mœurs de ses paroissiens et séduit plusieurs de ses pénitentes. Quelques-uns ajoutaient tout bas qu'il avait mis ses bâtards aux Enfants-Trouvés et fait avorter une de ses maîtresses. Les gens pieux qui se faisaient ces confidences rendues publiques, poussaient des hélas ! faisaient des signes de croix. Enfin , Gabriel était pour eux aussi odieux que l'Anté-Christ.

Il se présenta chez ses parents. A sa vue , il y eut une explosion terrible. Son père se leva furieux et se précipita comme pour l'assommer. » Misérable, s'écria-t-il ! Tu oses paraître devant moi. Tu es l'opprobre de ta famille. Tu as renié Dieu, tu n'es plus mon fils. Je renie un scélérat tel que toi, couvert de crimes, un parjure, un rénégat, un....» La colère le suffoqua et l'empêcha de continuer.

Gabriel se jeta à ses genoux, chercha à se faire entendre, déclarant qu'on l'avait calomnié. Il demandait en grâce qu'on voulût bien l'écouter. Ses prières, ses larmes furent inutiles. Sa mère et ses sœurs se joignaient à son père pour l'accabler de reproches et d'injures. Il fut violemment chassé du domicile paternel.

Il s'éloigna accablé de douleur, regrettant surtout de n'avoir pu se disculper des calomnies répandues contre lui. Il ne savait que devenir. Portant sur l'épaule, au moyen d'un bâton, le petit sac contenant ses effets, il errait dans les rues de la ville, il ne rencontrait que des figures hostiles ou indifférentes. Il cherchait dans ses souvenirs quel cousin ou ami, quel ancien camarade pourrait lui offrir un secours, une consolation. Épouvanté des effets du complot ourdi contre lui, il craignait d'être repoussé de toutes parts, de succomber sous le poids de cette infernale coalition.

Il entra, pour se reposer, dans une auberge. Il y prit une chambre, et se fit servir un repas, dont il avait grand besoin. Il vendit à vil prix ses habits ecclésiastiques, qui ne pouvaient plus lui servir à rien; et avec l'argent qu'il en retira, il acheta tout fait un vêtement passable. Il pria l'aubergiste de vouloir bien le renseigner sur les bruits qui circulaient. C'était un brave homme, nullement bigot, et qui lui rapporta fidèlement tout ce qu'il avait entendu dire. Touché de la bonne mine de Gabriel, il pensait que ce devait être un tas de mensonges inventés par le parti clérical. Gabriel alors lui exposa exactement de quoi il s'agissait : « Le seul fait réel, dit-il, c'est qu'il ne croyait plus au catholicisme. J'ai renoncé à l'état ecclésiastique, et j'ai en cela fait acte d'honnête homme. Tout le reste n'est que calomnie. »

L'aubergiste ajouta foi à ses explications et se mit à sa disposition.

Gabriel, repoussé par ses parents, honni par toute la clientèle du clergé, par tous ceux qui tiennent de près ou de loin à sa coterie, prévoyait de grandes difficultés pour se placer. Ses ressources étaient très-modiques; car il n'avait jamais songé à amasser, ce qui, du reste, eût été difficile, vu l'exiguité du produit de l'office qu'il avait occupé. Il lui fallait donc se procurer promptement un emploi, sous peine de mourir de faim.

N'osant pas recourir à ses anciens camarades de séminaire, qui tous devaient être affiliés au parti clérical, il résolut de s'adresser à ses anciens condisciples qui n'avaient pas persévéré dans l'état ecclésiastique. Ils avaient contracté, au petit séminaire, des habitudes jésuitiques, ils occupaient des professions qui les rendaient tributaires du clergé ; ils ne voulaient pas encourir son inimitié en accueillant l'homme qu'il avait anathématisé. Quelques-uns lui tournèrent insolemment le dos. D'autres le reçurent avec quelques semblants de bienveillance, mais déclarèrent ne pouvoir rien faire pour lui.

Il jugea que, dans cette petite ville où tout le monde le connaissait, l'influence ecclésiastique serait toute-puissante contre lui ; et il se décida à aller à Paris où son origine étant inconnue, il pourrait travailler, n'importe comment.

Il se présenta chez le directeur d'un journal d'opposition républicaine.

Il exposa qu'ayant fait des études théologiques, il serait en état de traiter les questions religieuses. Le directeur lui répondit que son personnel était au complet, qu'en règle on n'admettait d'article que des rédacteurs habituels ; cependant, s'il voulait apporter des articles très-caustiques, on pourrrait les accueillir ; on cherchait le scandale, et l'on serait enchanté de pouvoir battre le clergé au moyen des révélations d'un de ses membres, qui devait être au courant de toutes leurs roueries.

Gabriel repoussa cette proposition. Il y aurait de sa part déloyauté à dénigrer le corps dont il avait fait partie. Il offrait de faire des articles sérieux, des dissertations sur les questions religieuses ou philosophiques, sur les rapports de l'Église et de l'État. « Non, dit le directeur, nous avons assez de ces tartines-là. Il nous faut quelque chose de piquant pour réveiller le palais blasé des abonnés. Pourquoi vous feriez-vous scrupule de dévoiler les mystères d'une secte dont vous n'avez pas à vous louer. Par leur ingratitude ils vous ont relevé de tous vos engagements. Mettez tout à nu, faites du tapage, cassez les vitres. Tenez, par exemple, il y a l'Abbé ***, qui, dans le *Maudit*, a soulevé un coin du voile. Mais l'anonyme ôte beaucoup de force à ses assertions. Si vous nous faisiez une série d'articles signés, ce serait un grabuge terrible ; il y aurait de quoi mettre sens dessus-dessous toute la clique des Philistins. »

Gabriel persista dans son refus. Il lui fallait se tourner d'un autre côté.

Il alla trouver un maître de pension auquel on l'avait recommandé. Il s'offrit comme répétiteur, maître d'études, peu lui importait ; dans sa détresse, il aurait même accepté de servir comme portier ou domestique. Le maître l'interrogea avec affabilité, reconnut qu'il avait une instruction solide et qu'il serait en état de donner des leçons dans son établissement. Toutefois, il avait besoin de réfléchir, et il l'ajourna à la huitaine.

C'était un délai bien long pour un homme dont les ressources s'affaiblissaient de jour en jour, et qui déjà était réduit à de dures privations. Il se résigna à attendre ; il espérait, d'après l'accueil qu'il avait reçu, trouver un port de refuge. Il revint au jour fixé, impatient de connaître son sort. « Monsieur, lui dit le maître, vous me conviendriez bien, et vous possédez assez de connaissance pour diriger une de mes classes. Mais il y a un obstacle qui s'oppose à ce que je vous prenne à mon service. Vous êtes un ancien prêtre. Pour moi personnellement, cette qualité ne m'arrêterait pas ; mais je suis loin d'être indépendant. Quoique mon institution soit libre et même de plein exercice, en réalité je dépends, non seulement de l'Université, mais encore d'un pouvoir occulte que je suis obligé de ménager. Dès qu'on saurait que j'ai chez moi un prêtre démissionnaire, et, qui pis est, un prêtre incrédule, le clergé me ferait une guerre à mort, dénigrerait ma maison, me susciterait une foule d'embarras et finirait par me perdre. Je n'entreprendrai pas cette lutte dans laquelle je serais sûr de succomber. Croyez à tous mes regrets.»

Gabriel fut terrifié de ce refus et surtout du motif qui l'avait dicté. Il était marqué d'un sceau de réprobation qui le suivait partout, qui lui rendait inaccessibles toutes les carrières. C'était en perspective, le supplice de la faim ; c'est par là que le clergé se venge de ceux qui sortent de ses rangs. La nécessité l'obligeait cependant de faire de nouvelles démarches. Il s'enquérait, de tous côtés, des emplois disponibles, décidé à se contenter des plus humbles. Il questionnait les personnes qui vivaient dans son hôtel garni. L'une d'elles l'adressa à un député de l'extrême gauche, connu par son hostilité au clergé, et qui avait besoin d'un secrétaire. Celui-là, pensait-il, ne craindra pas de déplaire au clergé dont il peut braver le ressentiment.

Il se présenta chez lui, et par prudence il ne parla pas de sa qualité d'ancien prêtre. L'homme d'état causa quelques instants avec lui pour juger de son intelligence. Il lui demanda quelles positions il avait occupées. Gabriel hésita. S'il disait la vérité, il allait peut-être encore se compromettre. D'un autre côté, le mensonge lui répugnait ; et d'ailleurs, ce serait une insigne maladresse; car, tôt ou tard, on découvrirait sa ruse, et alors il serait honteusement expulsé. Il se décida donc en tremblant à avouer son passé.

Le député hocha la tête. « C'est fâcheux, dit-il ; mais je ne puis vous accepter. Pour moi, je suis libre-penseur et je travaille journellement à combattre le parti clérical. Mais si ma femme venait á découvrir que j'ai chez moi un ancien prêtre, ce serait une grosse affaire. Il faut bien avoir la paix dans son ménage. On ne fait pas toujours ce qu'on veut. Désolé de ne pouvoir vous employer. »

XXVII.

Ce nouvel échec était fait pour décourager Gabriel. Il était morne, abattu. Il aurait accepté n'importe quoi. Mais encore faut-il trouver quelqu'un qui veuille l'occuper. Il entendait parler d'anciens prêtres réduits à exécuter des travaux manuels ; quelques-uns se sont faits cochers de fiacre. Il enviait leur sort ; car ils vivent ; il regrettait de ne pouvoir faire comme eux. Il n'était pas en état de manier et conduire des chevaux. Il n'avait pas assez de force physique pour certains métiers. A quoi lui servait l'instruction qu'il avait reçue, puisqu'il ne pouvait l'utiliser? Rebuté, poursuivi comme par une furie implacable, il tombait dans le désespoir.

Enfin un de ces commensaux lui indiqua une place qu'il espérait lui faire obtenir. Il le présenta à un commis-greffier qui avait la direction d'un bureau d'expéditions. Cet employé, après avoir causé quelques instants avec Gabriel, lui dit que son personnel était au complet, et que même il avait des surnuméraires inscrits pour remplir les places qui viendraient à vaquer ; mais que, par un heureux hasard, il y avait en ce moment un surcroît de besogne, et qu'il pourrait lui donner à faire des expéditions pendant deux ou trois mois.

Gabriel accepta avec joie. Les conditions étaient loin d'être avantageuses. Il y avait à grossoyer des actes de procédure. La rétribution était de 5 centimes par rôle de 40 lignes, chaque ligne de 10 syllabes; pour les surnuméraires et les aspirants, il y avait une retenue du vingtième pour parer à certaines éventualités. Enfin, l'expéditionnaire était responsable des feuilles gâchées, c'est-à-dire dans lesquelles il s'était glissé un nombre de fautes tel qu'on fût obligé de les refaire; dans ce cas, il recopiait la feuille et supportait le prix du papier timbré. Les expéditionnaires travaillaient au bureau 9 heures par jour et pouvaient faire leurs 27 rôles. Ils pouvaient en outre emporter chez eux quelques copies à faire et obtenir, par un travail supplémentaire de 3 heures, un surcroît de rôles; en tout 36 rôles. Ce qui rapporte aux titulaires 1 fr. 80; et aux surnuméraires sujets à la retenue, 1 fr. 71 seulement.

Gabriel crut avoir trouvé le paradis. Il se mit avec ardeur à cette besogne ingrate et monotone. Il copiait des actes auxquels il ne comprenait rien et dont le style lui semblait barbare. Il fallait, pour ne pas faire de bévue, apporter beaucoup d'attention, avoir l'esprit tendu sur ce travail propre à abrutir. Mais nécessité fait loi.

La première fois qu'il eut à régler avec le caissier,

il eut à subir un déchet de deux feuilles gâchées. Il y avait à son crédit, pour expéditions faites en trois jours, 5 fr. 13 c. ; au passif, le timbre de deux feuilles, 3 fr. 60; restait net 1 fr. 53, sur quoi, il fallait se nourrir pendant trois jours.

Il se promit bien de redoubler d'attention. Il se familiarisa avec le jargon de la procédure ; il se fit une espèce de routine ; quand il voyait venir certaines locutions fréquemment employées, il les saluait comme de vieilles connaissances, et il savait que c'était le prélude d'un verbiage d'une page, qui venait machinalement s'écrire sous sa main, comme si elle eût été mue par une mécanique. En un mot, il se mit au métier et parvint à s'en acquitter aussi bien que ses confrères vieillis sur le harnais. Il avait une belle écriture et traçait rapidement. Son chef était satisfait de lui.

Avec sa maigre rétribution, il avait bien de la peine à vivre. Il se contentait du minimum indispensable pour sa nourriture ; il lui fallait en outre payer son garni, blanchir son linge, entretenir ses vêtements. On était en hiver. Il se passait de feu. Mais, le soir, il brûlait quelques chandelles, ce qui faisait encore un surcroît de dépense. Enfin il avait bien de la peine à joindre les deux bouts. Il n'y réussissait qu'avec la plus stricte économie.

Tout son temps était pris par le travail. Il ne pouvait plus s'occuper d'études littéraires ou scientifiques. Il n'avait pas de livres. Il regrettait de laisser ainsi son esprit sans culture. Le dimanche, comme le bureau était fermé, et le travail des expéditionnaires suspendu, il se donnait par la promenade une récréation qui lui était bien nécessaire après être resté, toute une semaine, cloué à son fauteuil. Il parcourait les musées, il faisait à pied quelques excursions dans les environs de Paris; il satisfaisait son besoin de mouvement et de changement.

Il était résigné à son sort et s'applaudissait d'avoir pu se procurer cette chétive existence. Il se plaisait, dans ses moments de loisir, à rêver à sa chère Julie, pour laquelle son amour était toujours aussi vif, l'absence ne faisait que lui donner un nouvel aliment. Il se demandait avec inquiétude ce qu'elle était devenue. Il avait appris vaguement qu'elle avait été disgraciée et qu'elle avait quitté le château presqu'aussitôt après lui et à cause de lui. Mais il n'en savait pas davantage. Si par hasard elle était à Paris, ils pourraient encore se voir de temps en temps et se consoler ensemble de leurs infortunes. Mais il n'imaginait aucun moyen de se procurer sur elle des renseignements.

Le hasard vint à son secours. Un dimanche, il rencontra aux Champs-Élysées, un marchand de sa connaissance, qui était originaire de sa ville natale et qui venait de temps en temps à Paris pour ses affaires. Cet homme, heureusement, ne partageait pas les sentiments haineux que le clergé avait réussi à propager contre lui ; ils vinrent l'un à l'autre, échangèrent amicalement une poignée de main et s'informèrent de ce qu'ils désiraient connaître.

Gabriel lui apprit qu'après bien des traverses et des privations, il était parvenu à obtenir un petit emploi qui le faisait vivre.

Le marchand qui connaissait la tenacité de la haine de prêtre, le félicita d'avoir pu y échapper. Il lui fit part de ce qui pouvait l'intéresser. Ses parents étaient bien portants, et il y avait tout lieu de croire que leurs ressentiments contre lui n'étaient pas calmés. Le chevalier de Ligeac, après avoir été renvoyé par sa tante, sachant qu'il n'avait rien à attendre d'elle, s'était engagé dans un régiment qui devait partir pour les Indes. Mme Brindeau vivait maritalement avec son amant, et elle communiait régulièrement tous les huit jours. L'abbé Legrand, nommé grand-vicaire , était plus en faveur que jamais, et le bruit courait qu'il s'était fait faire par la comtesse de Villeneuve un testament par lequel elle l'instituait son légataire universel.

Gabriel écoutait avidement tous ces récits ; mais il n'entendait rien dire de celle qui occupait toutes ses pensées. Il se hasarda à questionner ; il demanda si l'on savait ce qu'était devenue Mlle Julie Dabincourt. Le marchand était en état de le satisfaire. Mlle Julie, en quittant le château, était délaissée, sans ressource; elle chercha en vain à se placer comme demoiselle de compagnie, comme institutrice, comme demoiselle de comptoir. Enfin, pressée par le besoin, elle est entrée comme domestique pour tout faire , chez une vieille demoiselle, dans un village nommé Brunoy, à sept lieues de Reims.

Gabriel poussa un cri d'allégresse, remercia avec effusion son compatriote. Enfin il pouvait entrer en communication avec sa bien-aimée. Il se mit à courir, rentra chez lui et écrivit à Julie une longue épître. Il lui raconta les dures épreuves par lesquelles il avait passé. Il lui exprima vivement toute la douleur qu'il ressentait d'avoir été la cause involontaire des malheurs qui étaient venus fondre sur elle et surtout de l'atteinte portée à sa réputation par l'horrible calomnie des hommes de Dieu. Il lui déclara qu'il pensait toujours à elle, qu'il l'aimait plus que jamais, qu'il n'était soutenu, au milieu de la vie misérable qu'il menait, que par l'espoir de la revoir. « Mais, disait-il, puis-je me flatter que mon amour soit partagé? Je ne vous en ai fait l'aveu que dans un moment bien critique, où cet amour pouvait sembler criminel. J'osais vous jurer fidélité, vous offrir de m'unir à vous par le lien le plus auguste. Maintenant je ne puis vous proposer de partager mon indigence et mes privations. Et cependant je ne puis renoncer à l'espoir de vous posséder un jour. Notre position peut s'améliorer. La fortune nous sourira peut-être. Je vous en supplie, daignez m'écrire quelques lignes. Rassurez-moi sur votre position. Il me serait doux d'apprendre qu'elle est heureuse, bien qu'inférieure à vos mérites. Mais surtout que je sache si vous avez conservé pour moi quelque affection, si votre cœur m'appartient encore, si vous n'êtes pas perdue pour moi. Ma vie est entre vos mains. »

Peu de jours après, il recevait une lettre portant le timbre de Reims. Le cœur lui battait vivement à la vue de cette dépêche qu'il attendait avec impatience.

Il l'ouvrit en tremblant. Et comme il s'y attendait, elle était de Julie et ainsi conçue :

« Mon cher Gabriel, votre lettre m'a fait bien plaisir. J'étais fort inquiète de vous. Je savais qu'il y avait contre vous une ligue infernale pour vous forcer de vous soumettre par une rétractation, sous peine de mourir de faim. Connaissant vos nobles sentiments et la fermeté de votre caractère, j'étais bien sûre que vous ne céderiez pas. Mais j'étais épouvantée des conséquences désastreuses du parti que vous prendriez. Je suis bien peinée de savoir que vous avez été si malheureux et j'ai lu avec attendrissement le récit de vos infortunes. Enfin vous avez le nécessaire. C'est bien peu. Je désire vivement que vous puissiez améliorer votre position.

» Quant à moi, je ne me plains pas. C'est dur, sans doute, de déchoir. Après avoir été élevée dans l'aisance et vécu dans un monde poli et élégant, je suis réduite à remplir des fonctions infimes. Mais le sacrifice d'amour-propre est celui qui me coûte le moins. Ma maîtresse, puisque je suis obligé de lui donner ce nom, est âgée, toujours malade, et ses souffrances la rendent exigeante. Je me résigne à mon office, parfois un peu pénible.

« Moi aussi, je n'ai cessé de penser à vous. Ce n'est

qu'après avoir été éloignée de vous, que j'ai compris combien je vous aimais. Je me rappelle avec délices l'heureux temps que nous avons passé ensemble, et nos charmants entretiens. J'apprécie toute la délicatesse de votre bon cœur.

«Votre conduite est pleine de loyauté et de courage. Vous avez bravé la pauvreté et les persécutions, pour être fidèle aux prescriptions de l'honneur. Vos malheurs augmentent mon estime et mon affection pour vous.

» J'ai réfléchi sur les motifs qui ont amené votre démission ; et, sans avoir les mêmes moyens que vous, pour m'éclairer à fond sur les questions qui ont fait l'objet de vos études, je suis arrivée aux mêmes conclusions. Je rejette intérieurement une doctrine que désavoue la raison. Je ne veux plus faire partie d'une Église que représente l'abbé Legrand et qui a inspiré toutes les machinations de vos ennemis. Je suis avec vous de ce *grand diocèse* qu'a défini Sainte-Beuve, celui des gens de bon sens.

» Ne perdez pas espoir. La fortune ne nous sera pas toujours contraire. Quoi qu'il arrive, je vous promets de n'être qu'à vous.»

XXVIII.

Gabriel était transporté de joie ; il oubliait tous ses malheurs, il chantait comme un fou. Julie l'aimait, peu lui importait le reste,

Il conçut un projet, c'était d'aller la voir, quand ce ne serait que pendant quelques heures. Il réfléchit aux moyens d'exécution. Le voyage de Reims , aller et retour , coûterait, en 3ᵉ classe, 20 francs ; la diligence pour aller de Reims à Brunoy , coûterait , aller et retour, 4 francs ; en tout 24 francs. Ce n'était pas chose facile pour celui qui ne gagne que tout juste le nécessaire. Cependant il ne désespéra pas d'en venir à bout, Il restreignit encore son ordinaire de manière à épargner quelque chose sur la dépense de chaque jour. En se réduisant ainsi à une nourriture insuffisante pour se soutenir, il réalisait une économie de 10 centimes par jour. Il lui faudrait donc un laps de 240 jours pour atteindre la somme voulue, et en supposant qu'il ne surviendrait ni contre-temps ni dépense imprévue. C'était bien long. Pourtant il ne s'effraya pas, et il commença gaiement à thésauriser.

Il y avait à peine 15 jours qu'il avait mis à exécution son système d'abstinence et de prévision , lorsqu'un coup de foudre vint éclater sur sa tête. Quand il arriva le matin à son bureau, le commis-greffier lui déclara que, la besogne ayant été mise à jour, le personnel normal suffirait pour le service ordinaire et qu'on cesserait d'employer les auxiliaires. Gabriel fut atterré d'une telle résolution : il supplia son chef de le garder au moins quelque temps; il alla jusqu'à offrir ses services en se contentant d'une rétribution inférieure. Le chef parut attendri: mais il n'était pas le maître; il avait des ordres précis auxquels il était obligé de se conformer.

Gabriel voyait s'évanouir tous ses rêves de bonheur. Bien plus, ses moyens d'existence lui échappaient. Il chercha de tous côtés, s'adressa partout où il espérait pouvoir se placer, il lui fut impossible de rien obtenir. Ses vêtements usés lui donnaient un aspect misérable, qui plaidait contre lui et augmentait encore la difficulté. Toute la journée, il battait le pavé de Paris, et le soir, il rentrait, harassé, désolé et affamé. Car le peu d'argent qu'il avait mis en réserve, fut bientôt épuisé. Pendant plusieurs jours, il fut réduit, pour toute nourriture, à un pain d'un sou et à l'eau de la fontaine. Ses forces s'éteignaient; à peine s'il pouvait se soutenir. Il éprouvait des crampes d'estomac et des étourdissements. Sa santé s'altérait rapidement.

Un matin à bout de ressource, il resta au lit. Il était tellement faible qu'il ne se sentait pas la force de se lever; et, rebuté de toutes ses courses inutiles, il n'osait plus en faire de nouvelles; il croyait sa fin prochaine.

Il vit entrer chez lui un homme tout de noir habillé, aux cheveux longs et plats, à l'air paterne, au sourire mielleux; quoiqu'il fût vêtu en laïque il était facile de voir qu'il appartenait à quelque congrégation. Ce Monsieur salua poliment, demanda d'un ton calin à Gabriel, des nouvelles de sa santé, lui exprima sa commisération sur son triste état et lui annonça que, bien qu'inconnu de lui, il s'intéressait à son sort et espérait l'améliorer.

Gabriel écoutait avec étonnement ces bonnes paroles venant d'un inconnu.

« Je sais, dit celui-ci, quel est le dernier coup qui vous a frappé. Il y avait là une cause mystérieuse que vous ne soupçonnez pas. Votre chef avait pour vous de la sympathie et était disposé à vous conserver et même à vous élever au grade de titulaire. Mais il en a été empêché par une puissance supérieure. Le greffier en chef à de l'ambition pour ses enfants ; il sollicita pour son fils aîné une place dans la magistrature. Le jeune homme ayant fait ses études chez les Jésuites, est protégé par eux. Comme il a pour concurrents des candidats fort bien appuyés, la lutte est vive. Les bons Pères font jouer tous leurs ressorts et se croient sûrs de la victoire. Mais ils ont mis une condition à leur protection, c'est que vous serez renvoyé.»

« — Comment, s'écria Gabriel ! Quel intérêt ont donc les Jésuites à ce que je cesse d'être gratte-papier dans un greffe ?

« — Vous devriez le comprendre. Les Jésuites forment la milice la plus active du clergé, ils prennent en main tous les intérêts de l'Église ; ils surveillent tout ; les évêques sont trop heureux de trouver en eux des auxiliaires qui, par leurs ramifications, sont en état de leur rendre d'innombrables services. Et même les évêques ne se doutent pas de tout ce que peut gagner la religion à s'infiltrer dans les affaires temporelles. Ce sont les Jésuites qui s'en chargent. Rien n'échappe à leur vigilance. Or, l'Église ne peut voir qu'avec une extrême douleur, qu'un prêtre abandonne le ministère ecclésiastique, surtout s'il professe l'incrédulité. Tous ceux qui, comme vous, se trouvent dans ce cas, sont signalés. On leur coupe l'herbe sous le pied, on leur enlève toutes les ressources auxquelles ils pourraient s'accrocher.

« — Quoi ! ce sont ces scélérats qui m'enlèvent mon pain, qui veulent ma mort !»

« — Ne les accusez pas. Ils ne veulent que votre bien, et je suis leur messager chargé de vous apporter le salut.

« — Leur bonté s'exerce à mon égard d'une singulière façon. »

« — Ce n'est qu'une épreuve; et il ne tient qu'à vous de retrouver, avec la santé, la fortune et la considération.

» — Que faut-il faire ?

» C'est bien facile. Rétracter vos déclarations d'incrédulité, faire pénitence de vos égarements et reprendre l'exercice du ministère ecclésiastique. On ne sera pas exigeant. Il vous suffira de passer, pour la forme, trois ou quatre semaines dans un séminaire. Vous pourrez aller à Saint-Sulpice, pour éviter le désagrément de revenir en pénitent dans le séminaire où vous avez fait vos études. On vous épargnera le cérémonial humiliant d'une réintégration au sein de l'Église. Une fois reconcilié, vous ne serez pas assu-

jéti à des fonctions qui peut-être vous seraient pénibles à remplir. Vous pourrez être employé comme
professeur dans une institution, et vous ne direz la
messe qu'aux grandes fêtes. Comme vous voyez, nous
sommes indulgents. Nous ne voulons pas la mort du
pécheur. Nous vous tendons une main secourable.

» — Je ne veux rien de vous. Laissez-moi. Je ne
transigerai à aucun prix. Plus je vous connais, plus
vous me faites horreur. J'ai répudié les erreurs dont
vous êtes les propagateurs. Jamais je ne consentirai à
m'en faire le défenseur hypocrite.

» — Mais, malheureux, vous vous perdez. Vous
êtes abandonné de tout le monde. Si vous repoussez
la planche de salut, que je viens vous présenter, vous
allez périr dans les angoisses de la faim.

» — Soit. Je mourrai avec la satisfaction d'avoir
fait mon devoir. Ma conscience sera tranquille.

» — Prenez garde. Nous savons que vous entre-
nez une correspondance avec une personne qui vous
est chère. Nous avons le bras long, comme vous venez
de le reconnaître. Et nous n'aurions qu'un mot à dire
pour lui faire perdre sa position.

» — Oh ! C'en est trop, s'écria Gabriel transporté

de colère. Vous n'êtes pas de la compagnie de Jésus, mais de la compagnie de Satan. »

Et à ces mots, il saisit sa cuvette et la jeta à la tête du sinistre émissaire. Celui-ci esquiva le coup et se retira en lançant un regard de vipère.

Gabriel était surexcité par l'émotion que lui avait causée l'entretien avec le jésuite déguisé. Il se figura avoir recouvré des forces ; il se leva et se disposa à faire encore des démarches pour se placer.

Mais, à peine sorti de l'hôtel garni, il éprouva une défaillance, la tête lui tournait, il chancelait ; épuisé par l'abstinence prolongée, il s'affaissa et tomba sans connaissance au milieu de la rue.

Des voisins charitables accoururent à son secours. On le releva et on le transporta dans une maison à proximité. On lui fit prendre du vin, on le ranima. Un médecin qui passait par là, vint l'examiner et déclara qu'il fallait le transporter à l'hôtel-Dieu. Le malheureux avait repris connaissance ; mais il était hors d'état de se soutenir. On alla chercher une civière ; et, quelques heures après, il reposait dans un lit, à l'asile destiné aux indigents.

Le médecin qui vint le visiter, l'ausculta et constata une phthysie très-avancée, provenant de fatigues excessives et d'insuffisance de nourriture. Il fit à ses élèves un geste significatif, très-peu rassurant, et il prescrivit un régime fortifiant.

Le malade recouvra un bien-être relatif, et son état parut amélioré. Cependant il était d'une faiblesse extrême, et ses fréquents accès de toux n'annonçaient rien de bon.

XXIX.

Julie était heureuse de se savoir aimée : la lettre qu'elle avait reçue, était un baume salutaire pour ses blessures; elle se sentait fortifiée, aguerrie, prête á braver tous les dangers.

Il en était un qu'elle ne pouvait prévoir, Sa maîtresse la sonna avec une violence qui présageait l'orage. En servante soumise, elle s'empressa d'accourir. Elle trouva la vieille demoiselle très-exaspérée.

« Je croyais, dit celle-ci, aux bons renseignements qu'on m'avait donnés sur votre compte. Je vois que j'ai été trompée. Vous avez été la maîtresse d'un curé, d'un athée. Je devrais vous renvoyer de suite. Mais je suis bonne, et je vous accorde les huit jours pour trouver une autre place. »

Julie, en entendant cet arrêt insultant, fut profondément blessée. Mais elle voyait d'où partait le coup. Elle avait appris que l'ennemi qui s'acharnait contre elle, ne reculait devant aucune infamie. Elle savait qu'il n'y avait pas à discuter avec la calomnie. Elle ne chercha pas à se justifier; c'était peine perdue.

« Mademoiselle, répondit-elle, je ne profiterai pas du délai que vous daignez m'accorder. Je vais immédiatement vous délivrer de ma présence.»

Elle fit de suite un paquet de ses hardes, et elle se disposait à quitter cette maison où étaient si facilement accueillies les accusations les plus mensongères, lorsque le facteur lui apporta une lettre de Château-Thierry. Un notaire de cette ville l'informait que sa tante Julienne, qu'elle connaissait à peine, venait de mourir sans avoir fait de testament et lui laissait toute sa fortune s'élevant à une centaine de mille francs.

Mlle Julienne était une célibataire avare et égoïste, n'aimant personne, ne pouvant souffrir ses parents dans lesquels elle voyait des héritiers présomptifs, avides de recueillir son héritage. Elle avait passé sa vie à entasser des pièces d'or; elle se refusait toutes les jouissances, vivait chichement, restait l'hiver au lit pour ne brûler ni bois ni chandelle. Elle n'avait pas fait de testament, parce qu'il aurait fallu avantager quelqu'un et qu'elle n'avait d'affection pour personne au monde. C'était un de ces types d'avare dont on dit famillièrement qu'ils ressemblent aux cochons qui ne sont utiles qu'après leur mort.

Julie n'avait pas de motif pour refuser cette bonne fortune qui lui tombait des nues, si à propos. Elle se rendit à Château-Thierry chez le notaire. Tout était parfaitement en règle. Elle fut mise en possession de l'héritage, consistant en rentes sur l'État, actions, obligations et argent comptant. Elle gagnait une honnête aisance, ce qui lui permettait de vivre indépendante. Elle pensa à ce pauvre Gabriel qu'elle pourrait tirer de la misère: rien ne pourrait désormais s'opposer à leur bonheur. Elle était au comble de ses vœux.

Après avoir rempli les formalités légales, elle se rendit à Paris; et, à peine arrivée, elle se fit conduire à l'hôtel garni que lui avait indiqué Gabriel. Là on lui raconta les malheurs qui lui étaient arrivés; on lui dit que, mourant de faim, il était tombé d'inanition dans la rue et avait été transporté à l'hôtel-Dieu où sans doute elle pourrait le trouver.

Elle eut bien de la peine à contenir ses larmes qui débordaient. Elle avait le cœur serré; elle se reprochait d'avoir trop tardé à venir apporter des consolations à celui qu'elle aimait. Elle obtint la permission de pénétrer dans la salle où il était alité. Elle eut peine à le reconaître, tant il était changé. Sa maigreur était extrême; son teint livide, les taches rougeâtres qui marbraient son visage, dénotaient les progrès du mal; ses yeux étaient éteints.

Elle approcha avec précaution, craignant de lui causer une secousse trop violente. Dès qu'il la vit , ses traits s'illuminèrent; ses yeux étincelèrent; il voulut parler, mais sa voix expira; il était radieux, transporté de joie. Il saisit les mains de Julie, les couvrit de baisers. « Oh ! s'écria-t-il, maintenant je puis mourir. Vous êtes mon ange; vous n'avez pas oublié le maudit, le persécuté. » Il prononçait des mots sans suite, le bonheur le faisait délirer.

L'élève interne crut devoir intervenir et avertit l'aimable visiteuse, que cette entrevue pourrait causer au malade un accès dangereux. Elle se retira discrètement. Mais elle s'entendit avec cet élève ; et il fut convenu entre eux que, dès le soir, le malade serait transporté en ville, dans un appartement confortable, où il recevrait tous les soins que réclamait sa position.

On lui prodigua tout ce qui pouvait rendre la santé. Il put s'entretenir avec Julie. Que de choses ils avaient à se dire ! Ils se racontèrent leurs tribulations. C'était le même ennemi qui les avait poursuivis de sa haine implacable. Mais ils se flattaient de déjouer ses complots.

Julie annonça à Gabriel qu'elle avait recueilli un héritage qu'elle offrit de partager avec lui , et dont le revenu était suffisant pour leur permettre de vivre sans dépendre de personne; tout devrait être commun entre eux; et ce mariage qui lui avait été proposé, elle serait heureuse de le contracter; elle bravait les préjugés, la colère des bigots.

Gabriel lui répondit que cette union avait été constamment l'objet de ses vœux. Mais dans le triste état où il était tombé, pouvait-il encore se prévaloir de la promesse qu'elle lui avait faite ? Il était exténué, délabré, il se sentait dépérir. Il ne pouvait unir son sort à une jeune personne, belle, riche de santé et d'avenir. « Vous avez assez fait pour moi, lui dit-il, en venant me témoigner votre affection. Vous ne pouvez faire plus. Je ne puis accepter le sacrifice héroïque que vous voulez vous imposer. »

Mais Julie était exaltée. « Non, dit-elle, vous n'êtes pas condamné. Chassez ces sinistres pronostics. Vous vivrez. Déjà ma présence vous a ranimé. C'étaient la misère et le chagrin qui vous minaient. Près de moi, vous reviendrez à la santé. Je tiendrai mon serment. Je veux être votre femme.»

XXX.

Gabriel se laissa persuader. Comment aurait-il pu résister à une si douce prédication? Une fois qu'ils furent tombés d'accord, il fallut s'occuper des moyens d'exécution. En France, ils devaient s'attendre à toutes sortes de difficultés. Les tribunaux, sans s'inquiéter de la loi qui autorise et même encourage le mariage des prêtres, ont inventé ce qu'on appelle une jurisprudence qui, ajoutant aux empêchements énumérés par la loi, interdit au prêtre même démissionnaire ou interdit, de contracter un mariage civil.

Pour se soustraire à ces difficultés, nos deux amoureux prirent le parti de se rendre à Genève; là on a conservé le code civil français dans toute sa pureté; les juges ne se croient pas autorisés à créer des empêchements que la loi n'a pas prévus; le prêtre est citoyen et peut en exercer tous les droits. Heureux pays, où la loi n'est pas un vain mot, où ne règne pas l'influence jésuitique!

Les deux voyageurs ne perdirent pas de temps et vinrent se fixer à Genève. A peine arrivés, ils accomplirent les formalités légales pour préparer la célébration de leur mariage civil. Gabriel n'avait pas besoin de recourir á la ruse pour cacher sa qualité; il voulut au contraire, qu'elle fût formellement exprimée; et, dans l'acte de publication, il fut désigné comme ancien prêtre de l'Église catholique.

Dans l'intervalle qui s'écoula jusqu'à la célébration, il fit connaissance avec plusieurs membres de la Société des Rationalistes, qui s'empressèrent de l'agréger, et avec lesquels il eut les relations les plus amicales. Comme il était très-faible et ne marchait qu'avec peine, on venait chez lui tous les soirs et l'on s'y livrait à des entretiens dans lesquels étaient traitées des questions de religion et de philosophie. Les habitués étaient d'anciens rédacteurs ou lecteurs du journal *Le Rationaliste* qui pendant neuf ans a été publié á Genève et a soutenu avec autant de talent que d'énergie, la cause de la libre pensée. Tous avaient fait la guerre aux superstitions et á la théocratie, avaient travaillé de toutes leurs forces à éclairer et à améliorer l'humanité. Ils ne se bornaient pas à nier les croyances fondées sur la révélation, à combattre les institutions monarchiques et aristocratiques; ils cherchaient à édifier un ordre social, basé sur les principes de la loi naturelle, à organiser la démocratie, à constituer une morale et une politique indépendantes de toute conception religieuse.

Gabriel et Julie prenaient part à ces causeries intéressantes. Ils étaient heureux de respirer dans une atmosphère de liberté, de n'avoir plus à craindre les machinations des ennemis qui pendant longtemps s'étaient acharnés à les torturer. Quel contraste ils trouvaient entre ce régime paisible et celui de la France qui, bien que censée en république, est toujours garottée par les partis monarchiques et se débat sous les griffes du jésuitisme. Avec l'état de siége en permanence (1), avec une législation qui permet de supprimer les journaux, qui interdit toute réunion, même privée, à moins d'une autorisation sans cesse révocable; l'esprit public est comprimé, les garanties légales ne sont que des leurres hypocrites. En Suisse, au contraire, la presse est parfaitement libre, toutes les idées peuvent être exprimées et circuler sans aucune entrave, les citoyens peuvent se réunir comme bon leur semble, sans autorisation, sans avoir aucune formalité à remplir. Le peuple, façonné par un long usage de la liberté, respecte toutes les opinions, use paisiblement de ses droits; les diverses sectes religieuses vivent en paix. Que des individus passent d'une com-

(1) C'était avant 1875.

munion dans une autre, le public ne s'en émeut pas et n'y voit que le libre exercice des droits de la conscience. On peut, sans être voué à l'infamie, se déclarer hautement libre-penseur. Beaucoup de familles sont ouvertement affranchies du cérémonial religieux, n'imposent à leurs enfants ni baptême ni circoncision, les élèvent dans le culte de la vertu sans les assujétir à un rituel quelconque, et se feraient scrupule de pervertir leur intelligence en y laissant déposer des croyances qu'elles savent erronées. Dans ces familles, le mariage est un acte purement civil ; les morts sont conduits au champ du repos par l'escorte de leurs parents et amis, sans l'assistance d'aucun clergé. Les *solidaires*, qui en France sont inquiétés et tracassés, font ici tranquillement leur propagande et augmentent, chaque jour, le nombre de leurs recrues.

Gabriel se félicita d'avoir choisi un milieu aussi sympathique. On connaissait son passé, on applaudissait à sa résolution de sortir du clergé, malgré tous les malheurs auxquels il s'exposait à coup sûr. On était indigné de la pusillanimité des gens qui, sans être croyants, tremblent devant les exigences du parti clérical, s'associant sans conviction au système de persécution organisé contre les prêtres démissionnaires. Par cette lâcheté, on donne une force énorme à une secte qui, réduite à ses adeptes réels, serait bientôt condamnée à l'impuissance; on décourage les ecclésiastiques qui, une fois désabusés, ne demanderaient pas mieux que d'abandonner leur ministère, mais qui sont terrifiés par le sort qui les attend. On devrait au contraire leur tendre une main secourable, les aider à rompre les liens dont ils se sont imprudemment enchaînés, leur faciliter les moyens d'existence et les protéger contre les vengeances qui les poursuivent.

Parmi les habitués de ces petites réunions, il y avait des personnes qui étaient parties de régions bien différentes pour se rencontrer sur le terrain de la libre-pensée. Il y avait d'anciens prêtres catholiques, d'anciens ministres protestants, d'anciens rabbins. Tous étaient d'accord dans la recherche scientifique de la vérité ; tous protestaient principalement contre l'autorité que s'arrogent les prétendus dépositaires des pouvoirs descendus du ciel. Ils déploraient le célibat ecclésiastique comme une institution anti-sociale, contraire aux mœurs, comme un moyen de constituer une corporation cosmopolite, qui n'ayant ni patrie ni famille, ne cesse de conspirer contre les libertés, contre les institutions nationales.

Gabriel se plaisait dans ces discussions où chacun

apportait le tribut de ses études et de ses méditations. Il se rappelait en gémissant, l'état d'aveuglement où il était demeuré si longtemps par suite de l'éducation qu'il avait reçue, et il faisait des vœux pour qu'on pût soustraire l'enfance à cette influence malfaisante.

Enfin, les formalités légales étant remplies, Gabriel et Julie se rendirent à l'hôtel de ville pour la célébration de leur mariage. Ils étaient accompagnés de la majeure partie des membres de la société des Rationnalistes, qui voulurent lui donner une marque éclatante de sympathie. Ils tenaient aussi à ce que le mariage civil se célébrât avec une sorte de solennité. Le clergé fait tout ce qu'il peut pour que cet acte s'exécute d'une manière mesquine, ce qui forme un contraste avec la pompe qu'il déploye dans la cérémonie religieuse. Il cherche à dénigrer, à avilir le mariage civil, et voudrait même l'anéantir. Les libres-penseurs doivent combattre ses efforts; l'institution du mariage civil est essentielle à la liberté religieuse, et c'est un pas vers la séparation si désirable du temporel et du spirituel.

Au moment où le magistrat prononça la formule légale, les deux époux étaient dans le ravissement; ils trouvaient la récompense de leur fidélité, de leur persévérance. Gabriel éprouva une telle émotion, qu'il chancela et eut de la peine à se soutenir. Il pâlit et eut une quinte de toux fort douloureuse. Pour revenir chez lui, il fut obligé de s'appuyer sur le bras de celle qui maintenant portait son nom. Il avait voulu couronner l'affection dont elle lui avait donné tant de preuves. Mais il sentait sa vie s'éteindre ; il savait qu'il avait peu de jours à vivre.

Rentré chez lui, il fût obligé de se coucher et il ne se releva plus. Le mal fit des progrès rapides. Il conserva jusqu'à la fin toute sa connaissance et toute sa sérénité d'âme. Il s'entretenait gaiement avec sa femme qu'il cherchait à consoler, avec ses amis qui ne pouvaient croire que tout espoir fut perdu. Il mourut, le sourire sur les lèvres.

La Société des Rationalistes se réunit tout entière pour donner de la solennité à ses funérailles. Les membres portaient à la boutonnière une branche d'immortelle ; c'est l'insigne auquel se reconnaît le convoi d'un libre-penseur ; à la vue de cet emblême, bien des personnes saluent avec respect ; la foule apprend par là qu'en dehors des rites religieux, les devoirs de la famille et de l'amitié sont observés, qu'on sait honorer la mémoire des gens de bien, qu'on peut s'affranchir des superstitions sans descendre au rang des *chiens*.

Un chœur de musiciens exécutait une marche fu-

nèbre. Le président de la société déposa sur la fosse
une couronne de fleurs et prononça l'oraison funèbre :
« Nos adieux , dit-il, s'adressent à un martyr, à une
victime de la superstition. Notre ami Gabriel Nitot
avait fait, dans son enfance, des vœux téméraires ; il
s'était engagé à servir une Église qu'il croyait dépositaire de la vérité , à observer la règle du célibat, que
condamnent la raison et l'humanité. Mais, plus tard ,
usant de son intelligence, il reconnut la fausseté des
dogmes qu'il avait acceptés sans examen ; et c'est alors
qu'il fut soumis à une série d'épreuves terribles. Continuer l'exercice de son état , c'eût été mener une vie
de mensonge et d'hypocrisie. Son noble caractère ne
pouvait se soumettre à une telle ignominie. Il n'hésita
pas à proclamer hautement qu'il renonçait au catholicisme, qu'il rejetait une doctrine condamnée par le
bon sens. En agissant ainsi, il obéissait à la voix de
l'honneur, mais il n'ignorait pas qu'il se vouait à la
misère, qu'il allait subir les plus atroces persécutions.
S'il eût été un fourbe il aurait obtenu la fortune, les
honneurs, la considération. Du jour où il a fait son
devoir, il a eu à subir toutes sortes de tourments.
Rebuté, calomnié, maudit comme le plus vil des
scélérats, objet d'horreur même pour ceux qui n'ont
aucune croyance religieuse, manquant de tout, il a en

vain offert à la société le concours de son bras et de son intelligence. La faim, les privations, les fatigues, les chagrins ont usé son organisation , mais rien n'a pu abattre son courage. Même dans les moments les plus critiques, quand tout le monde l'abandonnait, il a refusé de transiger avec sa conscience. Il est demeuré inébranlable dans sa résolution. Ce n'est que sur une terre étrangère qu'il a commencé à trouver le repos ; il n'a joui que bien peu de temps de cet asile hospitalier ; il a pu du moins mourir en paix.

» En honorant cet homme de bien, digne de servir de modèle , nous apprenons à juger les sinistres institutions dont il a subi les effets lamentables. Sachons, à son exemple, mettre notre conduite en harmonie avec nos convictions, faire notre devoir, quoi qu'il en coûte. Montrons au monde qu'il n'y a besoin , ni de dogmes insensés, ni du rituel des superstitions, pour pratiquer la vertu. »

LIMOUX. — IMPRIMERIE DE M.-L. SALIN.

OUVRAGES DE A. S. MORIN

De la Séparation du Spirituel et du Temporel, 1 vol. in-18, chez Germer-Baillière..................... 3 50

L'Esprit de l'Eglise, 1 vol. in-18, chez Arnaud et Labat, au Palais-Royal, galerie d'Orléans............ 2 »

Le Prêtre et le Sorcier, statistique de la superstition, 1 vol. in-18, chez les mêmes.................. 2 »

Fantaisies théologiques, 1 fort vol. in-8°, chez les mêmes..................................... 3 50

Les Hébertistes modernes, broch. in-8, chez Godet, place des Victoires, 9..................... » 75

Examen du Christianisme, 3 vol. in-18, chez Dégorce-Cadot, rue Bonaparte, 70 bis............... 9 »

Jésus réduit à sa juste valeur, 1 vol. in-18, à Genève, chez Taponnier......................... 2 »

Du magnétisme et des sciences occultes, 1 vol. in-8°, chez Germer-Baillière..................... 6 »

Principes du bornage, 1 vol. in-8°, chez Maresq, rue Soufflot................................ 3 »

BIBLIOTHÈQUE DE LA LIBRE-PENSÉE

Chez Godet, place des Victoires, 9, à Paris.

De la séparation de l'Eglise et de l'Etat, par A. S. Morin.

PARAITRONT PROCHAINEMENT

La Confession; — Le mariage des Prêtres; — La Superstition; — La providence et la politique, par le même.

Prix du volume, 0. 50 cent. — Par la poste, 60 cent.

Limoux. — Imprimerie M. L. Baile, place du Bâle, 6.

www.ingramcontent.com/pod-product-compliance
Ingram Content Group UK Ltd.
Pitfield, Milton Keynes, MK11 3LW, UK
UKHW022339090726
13658UKWH00001B/345